U0695123

TUSHUGUAN SHAOER DUZHE FUWU YU DUZHE HUODONG

图书馆少儿读者服务与读者活动

李艳 ◎ 著

北方联合出版传媒(集团)股份有限公司

万卷出版有限责任公司

图书在版编目(CIP)数据

图书馆少儿读者服务与读者活动 / 李艳著. -- 沈阳:万卷出版有限责任公司,2023.1
ISBN 978-7-5470-6049-0

Ⅰ.①图… Ⅱ.①李… Ⅲ.①少年儿童-图书-读者服务-研究-中国 Ⅳ.①G252

中国版本图书馆 CIP 数据核字(2022)第 128198 号

出版发行: 北方联合出版传媒(集团)股份有限公司
万卷出版有限责任公司
(地址:沈阳市和平区十一纬路 29 号 邮编:110003)
印 刷 者: 长沙市精宏印务有限公司
经 销 者: 全国新华书店
幅面尺寸: 170mm×240mm
字 数: 210 千字
印 张: 14.5
出版时间: 2023 年 1 月第 1 版
印刷时间: 2023 年 1 月第 1 次印刷
责任编辑: 张冬梅
责任校对: 高 辉
策 划: 张立云
装帧设计: 云上雅集
ISBN 978-7-5470-6049-0
定 价: 78.00 元
联系电话: 024-23284090
传 真: 024-23284448

常年法律顾问:王 伟 版权所有 侵权必究 举报电话:024-23284090
如有印装质量问题,请与印刷厂联系。联系电话:0731-84513508

前　言

　　"少年强则国强。"少年儿童是祖国的花朵，是早晨八九点钟的太阳，是民族的未来和希望。让每一位少年儿童茁壮成长，让阅读成为他们生活的一种习惯，是全社会共同的心愿。从小培养少年儿童的阅读兴趣，让他们喜爱阅读、重视阅读、享受阅读，拓宽视野、开拓思维、提升能力、陶冶情操、培养气质、发挥潜能，阅读一定能让少年儿童受益终身。

　　少年儿童的阅读水平对一个国家整体阅读水平有着极为重要、深远的影响。随着经济和文化的日益发展，我国对少年儿童的教育问题越来越重视。另外，在全民阅读的背景下，少儿阅读也成为社会相关部门和广大学者日益关注的课题。公共图书馆作为国家基本文化服务体系的重要组成部分，在少年儿童阅读成长方面起着重要作用。很多发达国家都将少儿阅读当作公共图书馆服务中最重要的服务内容之一，我国公共图书馆少儿服务起步较晚，在少儿服务方面也缺少必要的政策和支持，2017年才正式通过《中华人民共和国公共图书馆法》。但随着未成年人的成长和教育问题越来越受关注，我国公共图书馆少儿服务发展十分迅速，越来越多的家长开始积极利用图书馆的馆藏资源帮助孩子培养阅读兴趣，拓展知识面，少儿阅读推广服务的体系和形式日益成熟。

本书包括四个部分，涵盖少儿阅读空间建设、少儿读者服务、少儿读者活动、优质童书推荐内容。从图书馆学的角度对我国公共图书馆少儿读者服务目前的状况进行总结，运用图书馆理论研究等方法对少儿阅读推广服务的含义、特点、作用等进行概括和分析。总结公共图书馆少儿阅读推广服务的构成要素、构建特点、发展模式等内容，详细分析了4—14岁各年龄段儿童和青少年的需求，以需求为导向，研究少年儿童所喜爱的活动及举办方式，寻求少年儿童及其家长对图书馆开展阅读推广活动的看法和意见。分析图书馆阅读推广服务与活动情况，科学规范地归纳、总结了图书馆在少儿阅读推广服务中取得的进步和存在的问题。

笔者以所在鞍山市图书馆工作实践，整理出公共图书馆少儿读者工作的一些经验做法，通过重点分析少儿读者服务与少儿读者活动，倡导少儿读者工作新理念，交流少儿读者工作好经验，并对今后少儿阅读工作的开展进行了认真的思考。编辑过程中虽力求做到科学、规范，但由于有些内容多以本馆工作为例，难免有局限性，对于存在的疏漏和不足，深表歉意，真诚地欢迎来自各方面的意见和建议。

目 录

第一章 少儿阅读空间建设

第二章　少儿读者服务

第三章　少儿读者活动

第四章　优质童书推荐

少儿阅读空间建设

第一节　少儿阅读空间建设探索研究

一、少儿阅读空间设计及服务布局

（一）少儿阅读空间建设目的、意义

一座城市拥有现代化高水平的公共图书馆是这座城市的独特魅力和文化标志，图书馆已成为承载、展示当地文化、历史的重要窗口。新时代图书馆正面临着转型与创新发展，图书馆的形象已经从旧时的藏书楼慢慢转化为社会教育中心，又从市民的书房、文化客厅慢慢走向了更加符合时代潮流的公共阅读空间。因此，探索图书馆空间再造，打造主题鲜明、设计独特、服务功能多元化的开放空间，是应对新时代图书馆转型挑战的新的途径。图书馆积极适应社会对其需求的变化，努力拓展服务方式，积极打造各类少儿阅读空间，进一步满足广大读者对文化与信息的多层次需求。

（二）少儿阅读空间设计原则

在空间设计过程中，应充分考虑少儿读者的特点和图书馆服务的实际

需求，采取因地制宜、因人而异的设计思路和布局安排。

1. 空间设计要从儿童的视角和家长的需求入手

图书馆承载了孩子不同成长阶段的需求和梦想。在设计阅读空间的过程中，一定要从孩子的视角和家长的需求出发。如何引导孩子爱上阅读？在对空间的设计中，要从儿童的视角出发，结合儿童好奇、乐于探索、富于想象的特点，在空间功能设定、设备设施造型、色彩搭配等方面进行深入探讨，可适当征求一些小读者的意见，把空间打造成他们喜欢的样子。家长的需求也是不可或缺的方面。家长希望孩子有一个漂亮、温馨的阅读场所的同时，更注重空间的安全性和服务的便捷性。因而，空间从设计到施工再到服务，要始终把安全性放在第一位，设备尺寸的选择、区域划分都要充分考虑服务对象的实际需求，让他们有秩序感和安全感。只有孩子安全了，家长才会放心地把孩子交给空间。同时，在为孩子服务的过程中，要注重服务的便捷性，要让家长在短时间内了解空间的服务功能、服务内容、服务方式。要考虑给家长留出休息空间，使家长在陪伴孩子的同时有获得感。

2. 环境中丰富的色彩、趣味是激发儿童探求欲望的两个重要因素

特别是对 7 岁以下的儿童来说，新颖、趣味程度更强的环境更能激发其探求欲望。合理的色彩配置可以吸引儿童驻足和游戏，进而带动空间的使用率；又可以通过儿童身体的感官而触动心灵，激发儿童的探索精神和各种潜能。设计中，我们根据少儿读者的审美特点和心理特征，采用明快、跳跃式的色彩搭配来进行视觉空间的区分，注重功能性，使小读者能够清晰地辨别自己要去的位置或空间，并因受到色彩的吸引感到心情愉悦，使阅读成为一种享受，这样大大提升了空间的层次感和趣味性。例如，为小读者设计制作卡通小房子造型的书架，软软的形态各

异的皮革沙发，彩色的儿童坐墩，卡通机器人造型的图书自助借还机，各种标志、导航等造型设计均采用卡通形象。让主题更加生动，富于色彩，增加趣味性与调动感，让每个空间会说话，让每个孩子在沉浸式的阅读氛围中自由成长。

3. 在空间装饰方面，结合童趣主题，为每个区域进行装饰

例如，太空区订制太空壁纸，墙面装饰太空飞船、星球等，强调区域性质。森林区利用插接木材料装饰木屋、大树等森林主题的书架、墙面。整体绿色墙面和木质书架，结合棕色沙发，营造低幼影音区放松惬意的自然读书氛围。海洋区采购蓝色卡通书架，墙面喷涂蓝色环保水漆，装饰扬帆船只，使小读者仿佛畅游在知识的海洋中。读者接待区装饰吊顶，考虑到读书环境的光源设置，这里是唯一改动吊顶的位置。彩虹云朵的装饰结构，使读者有强烈的视觉冲击，回归童真童趣。导向标志也一目了然，趣味十足。在整体严谨、沉闷的环境色彩中注入生动的活力，使少儿读者在读书交流之余，身心更为愉悦。

4. 从细微处入手，强调安全性

让儿童从小爱上亲子阅读，首先要从创建一个温馨有趣的阅读空间开始。创设良好的阅读环境能进一步激发少儿的阅读兴趣，使少儿更有利于在与环境的相互作用中接受阅读。正是由于服务对象的特殊性，空间的安全性就显得尤为重要。儿童阅读空间的安全主要包括场地的安全、设施的安全和装饰的安全。考虑到少儿读者的特点，图书外借区采取"藏、借、阅"一体化的开放式空间布局，使空间更加开阔，整个空间内铺设防滑软性地胶，所有书架装饰品全部倒角处理，边缘光滑，不设尖角。包裹所有的外露暖气片，没有空间死角，避免儿童夹伤、摔伤等事故发生。空间内所有书架、报刊架都按儿童身高订制，同时将所有书架

固定，避免儿童拉扯倾倒。装饰过程中，所有材料均采用符合国家各项标准的环保材料，墙面用无胶水漆，板材使用实木插接板。各区域的墙面装饰多采用装修材料的边角余料进行适当改制，既保证了材料的环保性，也在细微处植入了环保理念，时时处处透露着对少儿读者无微不至的关怀。

5. 空间只是形式，阅读才是灵魂

在一个优秀的阅读空间里，丰富的阅读资源是必不可少的。为了满足儿童的阅读需求，鞍山市图书馆在图书借阅区投放了6万余册少儿图书，绘本阅读区采购了1万余册新出版绘本上架，报刊阅览区投入儿童报纸30种、期刊240种，低幼区摆放幼儿读物、玩具书1000余种。所有读物均为知名少儿出版社出版发行的图书，书目选择既注重凯迪克大奖、凯特·格林纳威奖等获奖书目的推广，更注重"上承文化，下接童心"，对中国优秀绘本、经典名著的传承。在影音活动区，设置"乐儿"科普系列动画片触摸屏、爱迪科森"少儿多媒体图书馆"设备、启航简笔画触摸屏、中国连环画等含有声绘本、漫画、科普百科的少儿多媒体设备，为读者提供多元的阅读资源。同时，通过"绘本课堂"等主题活动，把阅读空间从"书"的空间转变成"人"的空间，最大限度地发挥文献资源的价值。

（三）以鞍山市图书馆为例介绍少儿阅读空间设计及服务布局

1. 打造主题鲜明、设计独特、服务功能多元化的开放空间

2019年事业单位改革，鞍山市图书馆与鞍山市少年儿童图书馆合并，成立新的鞍山市图书馆。鞍山市图书馆大楼进行内部改造。经过改造，鞍山市图书馆实现了平面化、一体化服务布局。考虑到少儿服务对象的特殊

◎ 鞍山市图书馆少儿借阅空间

性，其服务内容和形式更加专业化和系统化，鞍山市图书馆领导班子多次研究探讨，制定科学的整合方案，在少儿阅读空间再造上遵循既要保持与图书馆整个大空间和谐，又要突出少儿服务的特点，让少年儿童在活动中探索知识、激发兴趣、提高能力，在服务过程中形成创新、交流、分享的服务理念，鞍山市图书馆专门在大楼第四层建立"馆中馆"少儿借阅空间。

少儿借阅空间服务面积 1000 平方米，整个区域光线充足、视野开阔。空间内置阅览座席 90 个，软沙发 15 组，可同时容纳 240 名读者。用色彩明快的颜色区分不同的服务功能，空间内分为少儿图书外借区、少儿报刊阅览区、绘本阅览区、低幼活动区、多媒体播放室五个部分，它们既相互独立，又相互关联、包容，融合多元化服务功能。设计的主旨是想让小读者把阅读变成随时随地的渴望与享受，通过灯光、色彩、图书、家具等的个性化配合，让儿童一走进这个空间，就能迅速融入其中，通过打造主题场景，给人以真实的空间体验，增强互动与探索，让阅读的欲望油然而生。

2. 功能分区主题突出，体现少儿阅读特点

少儿阅读空间内分为若干个功能区域，展示不同主题。

（1）少儿图书外借区

新打造的少儿外借区位于鞍山市图书馆大楼四楼北侧，与图书馆内部装修改造之前相比，少儿外借区现占地面积300余平方米，接近于原来的两倍。整个外借区采取藏借阅一体化空间布局，设置开放阅读空间、读者自助借还区和服务台。本区域以沙滩为主题，墙壁以黄色为主色调，地面铺设灰蓝色地胶，天花板缀着七色星辰，自助借还区顶棚点缀彩虹和云朵，烘托主题。域内共设有26个精致书架，上架热门图书、中外名著、科普图书等各类图书近5万册。此外，天花板上悬挂的小星星、精心设计的卡通架标、每个书架两侧配置的五颜六色的皮质小凳，都为到馆的小读者提供了精致、舒适的借阅环境。图书自助借还机选用卡通机器人造型，增添了空间的趣味性。

（2）报刊阅览区

报刊阅览区服务面积100平方米，提供报刊阅览、数字阅读体验服务。服务区采用木质期刊架、报纸柜，配以曲线阅览桌、休闲座椅、软沙发。提供儿童报纸30种、少儿期刊240种。装饰风格以太空为主题，墙壁为灰蓝色，内置大幅太空主题壁画，配饰为宇宙星辰造型的装饰物，意为"让知识为孩子们插上翅膀，探索宇宙太空"。报刊阅览区为小读者提供报纸、期刊阅览服务。

（3）绘本阅览区

绘本阅览区位于少儿报刊阅览区对面，以蓝色为主色彩，取意"知

识海洋"。绘本书架以彩色的卡通房子为主体造型，书架五层，一共六列，每列三组，摆放1万余册绘本供小读者阅读。书架间摆放彩色长条软沙发，阅览区配置曲线阅览桌、休闲座椅，区域主体墙面装饰了一只巨型木船，载着小读者们在知识海洋遨游。绘本阅读区为学前儿童提供绘本阅览服务。

（4）多媒体播放室

多媒体播放室以绿色为主色调，与少儿报刊阅览区一墙之隔，其间设两个太空门，读者可通过太空门，直抵多媒体播放室。该区域内分玩具区、影音活动区。室内物品、饰物均为森林元素主题，突出自然、和谐，多媒体播放室为举办活动区域。

3. 各区域书架桌椅对空间的影响

少儿图书外借区的主要功能是为学龄儿童提供书籍外借服务。考虑到读者和工作特点，空间大面积留白，书架布局以书籍传送合理、高效为主要设计思路。图书自助借还机选用卡通机器人造型，增添了空间的趣味性。

少儿报刊阅览区为小读者提供报纸、期刊阅览服务。期刊架层高严格执行《公共图书馆少年儿童服务规范》，桌椅风格活泼。其间专门开辟电子报刊、电子读物阅读区域，各类设备摆放以安全为前提。

绘本阅览区为学龄前儿童提供绘本阅览服务。儿童书架降低高度，桌椅和书架的摆放适度活跃，适当摆放休闲沙发。充分考虑低幼儿的安全需求，对空间书架的摆放严格认真，不留任何尖锐角和倾倒风险的结构。

多媒体播放室为举办活动区域，此区域需要给读者营造放松休闲的氛围，书架、桌椅以休闲放松为主。放置休闲沙发、软包座椅，以及少量木质童趣结构书架，达到寓教于乐的目的。

从少儿图书外借区前往阅览区会经过一条长约 10 米、宽 2 米的走廊，右侧连接卫生间、安全楼梯。此区域仅做装饰，不设置阅读座席，只体现少儿借阅的童趣主题。

4. 绿植以及照明

绿植装饰营造一种优雅祥和、宁静安谧的氛围，同时净化空气，制造一种雅致清新的读书环境。绿植具有生态功能，同时起到空间分隔的作用。在这次设计中，考虑到公共区域有消火栓供水管道，仅将这些管道以绿植装饰，起到美观、覆盖作用。利用大型的观叶植物盆栽装饰，可以起到灵活分隔空间的作用。

公共区域照明，综合考虑自然光照明和室内照明，以及装饰灯带的作用。阅览室光线宜柔和，结合直接照明和半照明，光源集中在阅览区域，阅览书桌靠近南侧窗，给读者提供明亮舒适的阅读环境。多媒体播放室安装遮阳不透光窗帘，播放影音不受自然光影响。

二、少儿阅读空间建设服务过程及服务效能

各图书馆根据自身场地优势及特色馆藏资源，充分考虑场馆布局与设计、读者群体特征与需求，在馆内以"馆中馆"形式划分出不同类型文献服务区域。馆内可以建立"少儿馆""国学馆""音乐馆""个性化阅读体验馆""数字技术体验馆"等多元类型文献的"馆中馆"。同时，各馆的空间设计要灵活、可变、舒适，将馆藏资源、外借流通、馆内阅览以高度自由的形式糅合在同一空间内，打造"藏、借、阅"一体化的读者服务。下面以鞍山市图书馆少儿借阅空间为例进行说明。

1. 自助借阅，让文献流通便捷高效

少儿阅读空间的建设过程也是少儿文献服务实现全面自助化的过程。丰富的资源、新颖的服务模式、优质的服务环境，吸引了众多读者关注，读者办证量不断攀升，开放不足 3 个月，就达至 3244 人。至 2019 年 12 月，仅半年时间里，就接待读者 87636 人次，其中少儿外借读者 46551 人次，流通图书 165778 册次。

2. 多彩活动，让阅读空间生机勃勃

少儿阅读空间开放以来，鞍山市图书馆以此为阵地，设计并开展了"绘本课堂""书影共读""妙趣手工坊""国学小私塾""非遗传统课"等多个活动项目，带领小读者们听故事、看电影、读名著、做手工，研读国学经典，感悟地方特色文化。温馨舒适的阅读空间、丰富充实的阅读资源、博学多识的指导教师、引人入胜的活动内容，让小小的阅读空间瞬间爆棚，每有活动报名通知推出，不到两个小时，活动名额就被抢空。2019 年 7 月正式开放以来，鞍山市图书馆共利用此空间举办各类活动 60 余场次，参加活动读者达 2000 余人次。基于少儿阅读空间的优质资源和服务，2019 年 9 月，鞍山市图书馆正式申报了鞍山市中小学研学旅行基地，并依托空间资源优势，设计了多个研学课程，拟于新冠肺炎疫情结束后，正式接待中小学研学旅行团队。

在空间服务的推广上，品牌活动的引领作用不容小觑。鞍山市图书馆现有少儿持证读者 7000 余人，其中，0—6 岁低幼读者占 30%，小学生读者占 60%，初中生读者占 10%。绘本阅读需求颇大。为了让绘本阅读更具趣味性，图书馆以绘本阅览区为依托，开创了"童心入画"绘本课堂，通过教师引领小读者听绘本故事、读绘本故事、讲绘本故事、画绘本故事来加深对绘本的理解，感受绘本的魅力。绘本课堂活动每两周举办一次，周六上午 9 时 30 分准时开课。每期一个主题，形式多样，生动有趣，增进了亲子间的互动，培养了儿童良好的阅读兴趣。到 2021 年 12 月，共举办绘本课堂 12 期，参加读者达 400 余人次。绘本课堂已然成为绘本阅读空间的灵魂。2020 年新冠肺炎疫情期间，受线下活动限制，图书馆在微信公众号开创了"月亮船"有声绘本课堂，媛媛老师带领志愿者家庭共同演绎绘本故事，并介绍图书馆绘本馆，使更多的小读者对图书馆的绘本阅读空间充满无限遐想，绘本馆的读者数量也与日俱增。

3. 强化志愿者服务团队建设

人才是服务的前提和条件。在开展空间创建及服务工作的同时，鞍山市图书馆格外注重人才队伍建设，在广泛任用优秀馆员的同时，大力宣传、积极吸引志愿者加入少儿活动阵营，集思广益，博采众长，既可以了解各年龄段读者对活动的诉求，又可以启发馆员尝试更多积极、有意义的活动形式。图书馆也会邀请优秀的志愿者加入活动团队，补充团队短板及人员不足。同时开展多项志愿服务活动，少儿图书外借区利用寒暑假，招募小志愿者开展"小小图书管理员"社会实践体验活动；"绘本课堂"招募志愿家庭参与绘本故事演绎；等等。志愿服务活动为孩子们开启一扇认识世界、体验生活的大门。

4. 强化空间的宣传推广工作

酒香也怕巷子深。少儿阅读空间创建结束之时，正值鞍山市图书馆内部改造工程竣工筹备重新开馆之机。图书馆以此为契机，抓住读者对改造后重新开放的好奇心理，制订了周密的线上、线下联动宣传推广计划。首先，从自媒体网站、微信公众号、微博入手，推出了一组不同区域的推广美文，配上空间实景图，每周一篇，按时推出，引起了读者的高度关注。随后，图书馆专门把鞍山市平面媒体的记者请到少儿阅读空间，进行集体采访，第二天，各个角度的报道就飞上各大媒体报端。图书馆重新开放后，广播电台、电视台记者来馆做现场采访，优美的环境瞬间吸引了记者的目光，他们直接决定将电视台小记者团的实训课搬到少儿阅读空间，并做了两期，安排了专题报道。经历这三轮的宣传，鞍山市图书馆少儿阅读空间迅速蹿红，幼儿园、培训机构的参观预约不断，打卡图书馆成了网红之举。

三、少儿阅读空间的创新与发展

在建设少儿阅读空间过程中，图书馆拥有文献资源、设施设备、读者资源等优势，社会机构拥有场地和专业的优势，双方通过合作，可以优势

◎ 鞍山市图书馆多媒体播放室

互补、共同发展。图书馆与社会机构合作可以在重要景区、地铁站及人流量密集场所建设具有专题特色的少儿阅读空间，将其打造成城市著名地标、热门网红打卡地等。双方的合作方式应以公益性为前提，图书馆应发挥主导作用，把握好大方向，形成利用社会力量打造少儿阅读空间的特色。以鞍山市图书馆为例：

1. 打造出了别具一格的手可摘星辰——朐心谷"星空"童书馆

空间再造对图书馆来讲是一场革命，最大限度地开发和利用闲置的空间资源，特别是随着文旅融合理念的深入推进，图书馆面对如何适应新时代要求，如何与时俱进，实现图书馆空间的社会需求的挑战。鞍山市图书馆敏锐地捕捉到这一发展趋势，积极探索，与朐心谷风景区合作，配置少儿图书、报刊，搭建阅读空间，实现阅读推广与旅游服务的深度融合，打

◎ 鞍山市图书馆分馆——朐心谷"星空"童书馆

造出了别具一格的手可摘星辰——晌心谷"星空"童书馆。

圆拱形城堡设计是"星空"童书馆的最大亮点。整体以透明玻璃为墙，低矮的书架环绕四周。白天，苍松翠柏一览无余；夜晚，群星闪耀触手可及。置身其中，犹如处于梦幻的童话世界。听蝉鸣，观花海，阅童书，学知识。拥抱大自然的无限风光，畅享多元阅读的无限乐趣。

2. 阅读燃薪火，山谷飘书香

文旅融合的大背景下，资源重组、跨界融合是文旅融合发展的必然选择。鞍山市图书馆结合自身特点，以发展合作模式，实现图书馆的优势资源与其他机构组织的优势资源跨界融合，引入新理念、新模式，将阅读推广嵌入其中。"阅读燃薪火，山谷飘书香"——首届鞍山市图书馆奇妙夜走进馆外晌心谷分馆，让孩子们在大自然享受阅读的乐趣，体会知识的重要。工作人员多次走访晌心谷现场，通过对于白天和夜晚晌心谷景色的了解，确定了"星空"童书馆、室内游戏室和户外木楼三个地方作为图书馆奇妙夜活动场地。首先，从有趣的亲子运动环节开始，趣味亲子跑将家长和孩子联系在一起，同样的运动呈现出的状态各不相同，可谓妙趣十足。其次，是亲情传递环节，这个环节考验的是家长和孩子的协作能力，相互配合默契才能完成。现场氛围融洽，大家对于这类合作活动很有劲头，非常认真和自信。最后，在各组家庭的努力配合下，运动游戏完美收场，并且产生了本次活动中各个奖项的获得者。图书馆奇妙夜的晚间环节十分有文化感，第一项是鞍山市传统非遗项目——皮影戏，图书馆邀请了于水龙皮影戏团队为孩子和家长进行了传统剧目的表演，并进行了现场互动环节；第二项是星空阅读，晌心谷"星空"童书馆阅读是本次图书馆奇妙夜准备的特色活动，整个"星空"童书馆由国外极光屋组成，材质特殊，仰起头就可以看到星光闪闪，孩子们在温馨的环境中阅读儿童绘本，十分奇妙和富有乐趣。孩子们对于"星空"童书馆情有独钟，虽然只有短短的 20 分钟，但是他们出来的时候一个个小脸上洋溢着开心的笑容。

"阅读燃薪火，山谷飘书香"图书馆奇妙夜活动涵盖了非遗展示、星空阅读、VR 体验、户外娱乐、趣味问答等多种元素，充分展示了文旅融合下的图书馆创新服务，将文化服务与旅游产业相结合，进一步发挥图书馆的资源优势和品牌服务，活动已成为文旅融合新品牌，起到了示范作用。

第二节　公共图书馆空间建设实践与启示

传统的图书馆布局，服务区域功能布局单一而固定，藏书空间、借书空间、阅览空间彼此分开，各成一体，相对独立。通过走访调研，笔者了解到现代化图书馆随着社会的进步和科技的发展，功能朝着多层次、灵活性、综合性、高效性发展，图书馆已成为承载、展示当地文化、历史的重要窗口。新时代图书馆正面临着转型与创新发展，图书馆已经从旧时的藏书楼慢慢向社会教育中心的形象转变，不仅是市民的书房、文化客厅，已发展成为更加符合时代潮流的公共阅读空间。本节将介绍笔者走访调研过的几家公共图书馆的建筑设计特点及功能分布，供读者借鉴。

一、金陵图书馆

金陵图书馆位于江苏省南京市建邺区河西新城乐山路 158 号滨江公园内，毗邻南京奥体中心，是副省级城市图书馆、国家一级图书馆、全国古籍重点保护单位。金陵图书馆始建于民国十六年（1927 年）；1928 年 7

月，改称为南京市立第一图书馆；1932 年 6 月，与民众科学馆合并；1933 年 9 月，改称南京市立图书馆；1984 年 10 月，改称金陵图书馆；2009 年，建立新馆交付使用；2010 年 10 月，正式对外开放。金陵图书馆馆址占地面积 3.9 万平方米，总建筑面积 2.5 万平方米，内设阅览座位 1415 个。金陵图书馆新馆"琢石成玉"方案将建筑形体整合为四个部分：基座（弧形覆土绿化草坡）；悬浮于草坡之上的主体（玉石）；裸露于草坡之上的 360 人报告厅（雨花石）；围绕于草坡周围的大面积倒影水池。这一设计理念充分体现出金陵图书馆所处的地域文脉特征及环境特色，内部大面积的开架阅览空间则营造出了人性化的活动空间，体现了现代公共图书馆以人为本的服务宗旨。金陵图书馆整体建筑采用 9 米×9 米的柱网结构，标准阅览空间的层高为 5 米，整个图书馆通透亮丽，令人豁然开朗。

◎ 金陵图书馆一楼休息区

金陵图书馆空间建设主要有以下两个亮点：

1. 地方文献阅览区

在金陵图书馆地方文献阅览区域，一面馆史墙屹然伫立，上面将金陵图书馆从百年前建馆到中间一步步发展，再到今天取得的各项优异成绩通过一幅幅照片、一段段文字呈现给看到它的每一个人，通过尊重历史的方式使更多人重视历史。

2. 金陵图书馆文创中心

金陵图书馆开设两家文创商店。一家位于金陵图书馆一楼大厅内，第二家"大观园"店位于南京地铁大行宫站旁，位于江宁织造博物馆地下二层的地铁口，也是地铁二号线和三号线交会处。文创中心的主要文创商品有京剧节订制、文房四宝、非遗文化产品、节气订制产品、馆藏资源开发、公益宣传六大系列，累计107个品种，共351个款式。文创特色有：南京方言帆布包、红楼梦四春古风笔记、金陵十二钗系列文件夹、端午香囊等。文创产品主要结合图书馆馆藏资源，采用自主开发与合作开发相结合的方式。

◎ 金陵图书馆文创中心

二、南京图书馆

南京图书馆位于江苏省南京市玄武区，简称南图，是中国第三大图书馆，亚洲第四大图书馆，江苏省省级公共图书馆，首批全国古籍重点保护单位，国家一级图书馆，江苏省文献资源保障中心。南京图书馆前身可追溯到1907年由清末两江总督端方创建的江南图书馆和1933年国民政府筹建的国立中央图书馆，1954年正式定名为南京图书馆。其馆史悠久，底蕴深厚。

南京图书馆空间建设具有以下三个亮点：

1. 以"馆中馆"形式划分出不同类型文献服务区域

以"馆中馆"形式划分出不同类型文献服务区域，让读者更加明了。如南京图书馆馆舍内建立有"国学馆""少儿馆""个性化阅读体验馆"等七个"馆中馆"。

2. 古籍修复中心

南京图书馆重视古籍修复工作，在全国发挥引领示范作用。南京图书馆是我国最早的公共图书馆之一，所以其文献资源丰厚。其中古籍160万册，民国文献70万册，是图书馆界最为珍贵的文献资源。南京图书馆非常重视古籍修复工作，其古籍修复中心在全国也是首屈一指的。进入古籍修复中心映入眼帘的是专业的修复人员使用专业的修复设施与设备，非常谨慎地修复着古籍图书。通过交流，得知这些修复人员中有学生，有图书馆资深的古籍修复专家，还有退休的南图老人。

◎ 南京图书馆古籍修复中心

3. 南图文创艺术中心

南图文创艺术中心是一个集文化创意开发、销售、体验和休闲于一体的当代文创艺术中心，设有馆藏珍贵古籍出版区、珍贵古籍延伸文创产品区、著名画家美术类图书区、文创茶艺休闲空间、小型复制展（《水浒传》人物图像展）区、生活文创产品区、儿童手作文创体验空间及文创艺术研讨空间等。该中心向民众呈现出一个完整、多元的文创艺术形式，包括文化、创意与产品、艺术与设计、阅读与影像、讲座与展览、茶室手作等。2019年，南图在第十二届中国艺术节演艺及文创产品博览会上展示了40余种精美文化创意产品，如十竹斋系列手包、丝巾、杯垫、餐垫、书签、镇纸、反向伞、《水浒传》笔记本及创意环保袋等，得到社会高度赞誉。

◎ 南图文创艺术中心

三、苏州第二图书馆

苏州第二图书馆作为苏州图书馆的新馆部分，位于苏州古城以北，是拥有 700 万册藏书量的大型智能化集成书库图书馆。通过引入"旋转纸"的概念，形成了一座具有书状结构的建筑。苏州第二图书馆就是"科技与现代"图书馆的代表，设有更具特色的黑胶唱片"音乐馆"、智能主题"设计馆"、智慧"数字技术体验馆"、"少年儿童图书馆"等多个多元类型文献的"馆中馆"。同时，各馆的空间设计也十分灵活、可变、舒适，将馆藏资源、外借流通、馆内阅览以高度自由的形式糅合在同一空间内，提供"藏、借、阅"一体化的读者服务。

◎ 苏州第二图书馆自修区

◎ 苏州第二图书馆少儿借阅区

苏州第二图书馆空间建设具有以下三个亮点：

1. 数字体验馆

数字体验馆有虚拟解说员、心理关爱自助系统、虚拟现实学习体验、智能投影互动墙、体感 AR 拍照体验、3D 立体书体验、VR 自由体验区、瀑布流电子借阅屏等十多个高科技体验项目，突破传统图书的静态被动阅读模式，对知识进行动态化、可视化制作，内容获取方式上呈现出主动性、趣味性、智能化等特征。读者系上安全带，戴上 VR 眼镜，时而置身于月球表面，浩瀚宇宙尽收眼底；时而徜徉神秘海底，巨大的鲸鱼掠身而过……图书馆突破传统图书的静态阅读方式，运用虚拟现实技术，将天文、地理、人文、旅游等方面的知识进行三维立体演示，让读者获得身临其境的体验，延伸知识的宽度和深度，使图书馆不仅成为高效的图书借阅场所，更是大众进行学习、交流、休闲的综合场所。

◎ 苏州第二图书馆数字体验馆

2. 国学图书馆

国学图书馆展示苏州历代文学名家作品，收集当代作家文库，通过古建复原，让读者在亭廊桥榭中既领略了古典园林的诗意与恬淡，又邂逅了经典与永恒。

◎ 苏州第二图书馆国学图书馆

3. 音乐图书馆

音乐图书馆拥有专业级别的音响设备和多张黑胶唱片，展示中外音乐知识及相关乐器。馆内一条绚丽的音画幻影时光隧道格外引人注目。专业的音响设备、极致的空间与声效，360度全息投影技术营造出全新视听体验，让音乐爱好者沉浸其中。

四、锦州市图书馆

锦州市图书馆于 2002 年扩建，馆舍建筑总面积为 1.29 万平方米，建筑造型别具一格，庄重大气；内部装修简洁明快，展示了现代图书馆文化建筑理念。室内天井采用透明的玻璃围顶，三层旋转楼梯被整个罩在玻璃棚下；中厅花园式设计与休闲和谐的环境融为一体，为读者提供了舒适的阅读休闲环境。从扩建到现在已经 20 年，虽然总体感觉图书建筑设施有些陈旧，但图书馆的传统服务功能齐全，包括总服务台（办证处、咨询台）、新书外借处、社会科学图书外借处、自然科学图书外借处、基藏图书外借处、报刊阅览室、信息参考咨询室、地方文献研究室、古籍外文图书阅览室、电子阅览室、自修阅览室等。值得借鉴的是中厅花园，将绿植与读书环境和谐融为一体。

◎ 锦州市图书馆中厅花园

五、锦州市少儿图书馆

锦州市少儿图书馆原来位于锦州市图书馆三楼的一个区域。随着图书馆事业的发展，政府支持成立了锦州市少儿图书馆独立馆舍，新馆坐落于锦州市青少年活动中心（锦州市文化艺术中心 B 座）。2021 年 6 月 1 日，锦州市少儿图书馆重新开馆，新场馆面积约 4000 平方米，功能设施比较健全，包括低幼阅览室、图书外借部，崭新的阅读环境搭配现代化自助设备；期刊阅览部供小读者和家长看书读报；配有多媒体阅览室、未成年人心理健康辅导中心、国学体验馆，开设了创客空间。

锦州市少儿图书馆空间建设具有以下两个亮点：

1. 国学体验馆

国学体验馆面积为 100 平方米左右，开设茶艺课、礼仪课、古琴课等。虽然馆内的杯具等物品是图书馆工作人员自己赞助的，座椅也不是专业为国学馆打造的，不过整体感觉营造出了古色古香的文化传统氛围，值得借鉴。

◎ 锦州市少儿图书馆国学体验馆

2. 未成年人心理健康辅导中心（志愿者团队）

读者在辅导员教师安排下方可使用本室，室内有心理方面书籍、期刊供读者阅览，还设有沙盘、沙具、放松的按摩椅及专业的心理辅导视听设备等。辅导教师由具有丰富实战经验的心理咨询师担任，他们作为图书馆的文化志愿者，免费为少儿读者开展心理辅导。

◎ 锦州市少儿图书馆未成年人心理健康辅导中心

六、营口市图书馆

营口市图书馆于 2018 年 7 月迁至西市区青花大街，位于营口图书大厦的东部，2019 年 4 月 23 日全面对外开放。新馆建筑规模壮观，建筑面积 2.1 万平方米，为读者提供开架图书 20 万册，阅览座位 1500 个，Wi-Fi全覆盖。营口市图书馆是营口地区文献信息共建共享中心、市民终身学习教育中心、举办读者活动的文化中心，在空间建造风格上体系完整、色彩统一，给人一种"中式风格，书宅大院"的感觉，桌椅、灯具、书架都是提前规划好的，与建筑的整体风格统一，特别是有的区域一本书配一盏灯，让读者有家的感觉。

◎ 营口市图书馆外借服务中心

营口市图书馆空间建设具有以下两个亮点：

1. 有声听书墙

有声听书墙是一个创新型数字阅读空间，采用喜马拉雅线上优选内容，向不同线下场景精准投放内容，主要推送党建类、政务类、历史人文类、生活类、成长类等内容。平台定期更新，打造"人在哪里，宣传阵地就在哪里"的融媒体"读"平台。用户只须拿出手机扫描二维码，进入小程序，即可在线直接收听，真正做到无门槛"全民阅读"。

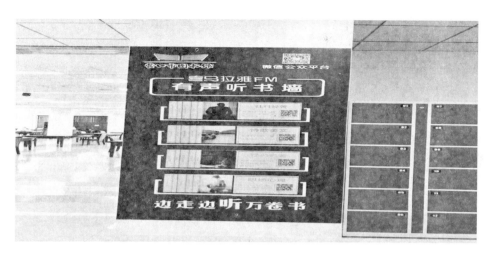

◎ 营口市图书馆有声听书墙

2. 开放式管理休闲服务中心

随着读者群需求的提升，对就餐、休闲的需求加大。营口市图书馆与商家合作，提供餐厅、超市等更加完善的服务，同时推出文创产品，安置多台自动售货机、自助共享设备等。

◎ 营口市图书馆休闲服务中心

七、营口市少年儿童图书馆

营口市少年儿童图书馆新馆总建筑面积 4326 平方米，使用面积 2662 平方米，目前馆藏总量为 20 万册，现有办公室、读者活动部、采编技术部、综合借阅部、低幼阅览部，设有低幼阅览区、童学书苑、绘本馆、综合借阅区、数字体验区、影视欣赏区六个对外服务窗口。营口市少年儿童图书馆积极在全市范围内推进图书通借通还、资源共享的公共文化服务体系建设，以全开架为主要服务方式，实现馆藏、借、阅、咨询一体化管理。营口市少年儿童图书馆与营口市图书馆相连，两个图书馆馆长由同一人（刘晓云）担任，管理也是一体的。因服务对象不同，营口市少年儿童图书馆面向公众对外的服务窗口是分开的。

营口市少年儿童图书馆空间建设具有以下两个亮点：

1. 数字资源体验区

数字资源体验区设有围棋、书法数字资源体验设备。

◎ 营口市少年儿童图书馆数字资源体验区

2. 童学书苑

"童学书苑"书轴讲台因地制宜，设计独特，传统文化活动一票难求，孩子活动服装、道具等设施齐备。

◎ 营口市少年儿童图书馆童学书苑

八、大连市少年儿童图书馆

1997 年 12 月 27 日，大连市政府投资建设新馆舍落成使用，建筑面积 6480 平方米。2008 年 7 月 25 日，历时 2 个多月的较大规模的馆舍维修改造工程结束并开馆，馆舍使用面积增加 800 余平方米，并初步实现了以 Interlib 图书馆集群管理系统为基础的图书馆数字化和资源共享。图书馆内设 6 个机构：行政办公室、业务办公室、读者服务中心、文献资源建设中心、网络资源服务中心、读者培训中心；设有 11 个服务窗口：总服务台、低幼借阅室、小学借阅室、中学借阅室、综合阅览室、电子阅览室、视听资料借阅室、科普活动室、明德英文图书馆、有声书屋、培训中心；拥有馆藏文献资源 73 万册（其中纸质文献占 70%，电子文献占 30%），阅览座席 500 个，持证读者 4 万人，年接待读者 40 余万人次。

◎ 大连市少儿图书馆阅览区

大连市少儿图书馆空间建设具有以下两个亮点：

1. 智慧墙

智慧墙显示总、分馆建设情况，能够实时显示分馆图书流通状况。

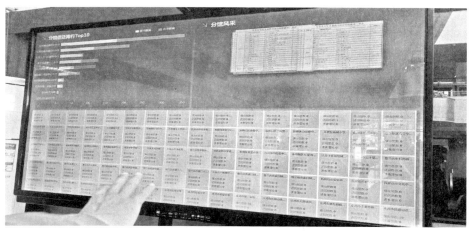

◎ 大连市少儿图书馆智慧墙

2. 网约书库

网约书库采取闭架管理方式，只针对网上读者借阅。

◎ 大连市少儿图书馆网约书库

九、大连图书馆

大连图书馆作为国内最早建立的图书馆之一，至今已有 116 年历史。目前全馆馆舍面积 7 万多平方米（4 万平方米在建），馆藏各类文献（含电子书）720.6 万册，数字资源存储总量达 124 TB；全市持证读者 55 万人，年接待读者 218 万人次，年外借图书 137 万册次。在大连图书馆现有的馆藏文献中，最具特色的是 55 万册古旧籍，有被誉为"世界三大史料"之一的满铁资料，版本珍稀，还有馆藏明清小说、清内务府档案、碑刻拓片、舆图和方志等古籍文献享誉海内外，目前已有 129 部古籍入选《中国珍贵古籍名录》。大连图书馆是全国副省级城市中唯一有如此众多珍贵古籍的图书馆，被誉为"中国古籍重库"。其因在古籍保护工作方面的突出成绩，于 2008 年被国务院确定为"全国首批重点古籍保护单位"，2014 年被文化部评为"全国古籍保护工作先进单位"。

大连图书馆在做好图书借阅服务的基础上，还积极开展定题、信息咨询、科技查新、政务公开查询、文献提供、编制二三次文献、代查、代译、代检索等服务，拓展服务领域，为各级政府、"两会"代表和委员、教育、科研、企事业单位提供参考咨询服务。馆内还设有多媒体阅览区、音乐图书馆，向读者提供数字资源使用、互联网浏览、多媒体技术应用讲座、中外音乐书刊阅览、音乐和影视资料欣赏、音乐讲座、虚拟现实（VR）制作与体验、电子书阅览等多项服务。

◎ 大连图书馆自修区

大连图书馆空间建设具有以下三个亮点：

1. 音乐书刊阅览、音乐和影视资料欣赏区

读者在音乐书刊阅览、音乐和影视资料欣赏区可以边欣赏音乐边进行数字资源阅读。

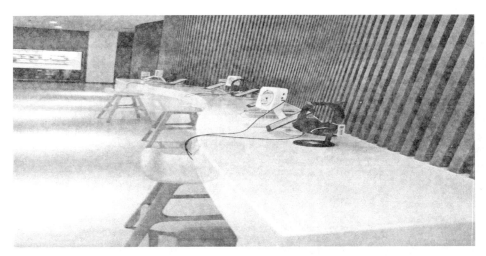

◎ 大连图书馆音乐书刊阅览、音乐和影视资料欣赏区

2. 地方文献查阅区

图书馆内设有大连市地方文献查阅区，该区域的地方文献收集全面，主次分明，可以帮助读者全面了解大连的历史。

◎ 大连图书馆地方文献查阅区

3. 古籍保护区

古籍保护一直是大连图书馆古籍工作的重点，多年来，以传统方法与现代技术相结合，开展古籍保护和开发工作。2014年该馆白云书院被国家古籍保护中心确立为"国家级首批中华优秀传统文化实践基地"。

◎ 大连图书馆白云书院

第二章
少儿读者服务

第一节　少儿读者服务指南

一、读者入馆须知

1. 读者入馆要主动向管理人员出示有效证件，须讲文明礼貌。

2. 入馆读者衣着要整洁文明，穿运动背心、拖鞋、带铁掌的皮鞋的读者不准入馆。

3. 馆内不准嬉耍、打闹和喧哗，要保持安静。

4. 馆内严禁随地吐痰，乱扔瓜果皮、纸屑等杂物，不准乱贴、乱涂、乱画、乱刻，不得用脚蹬踏墙壁及馆内各种设施。

5. 入馆读者不得携带易燃易爆物品，严禁在馆内吸烟。

6. 维护公共财物，严禁乱动任何消防设施。

7. 入馆读者必须遵守图书馆规章制度，爱护书刊和公共财物，服从工作人员管理，尊重工作人员劳动。

8. 违反上述规定者，视情节轻重与态度好坏给予批评教育或处罚。态度恶劣、后果严重者（如因吸烟引发火灾者），将移交司法机关追究刑事责任。

二、读者办证须知

1. 读者持身份证及押金在自助办证机自助办证，每个证件只限办理一个借书证。

2. 本证押金为 100 元、200 元两种，其中 100 元押金的借书证可借 4 册图书，200 元押金的借书证可借 8 册图书。如须变更书证类型，请持身份证或户口本原件到外借部办证服务中心，按照借书证押金标准补交或退还差额。

三、读者退证须知

1. 图书证使用期限不受限制，可在开馆时间内随时办理退证。退还证时，请办证者持本人身份证或户口本原件到外借部办证处办理退证业务，并领回办证押金。

2. 委托他人办理须持被委托人身份证原件方可办理。

3. 办证满 7 个工作日方可办理退证。

四、读者借阅须知

（一）借阅规则

1. 外借服务中心凭读者证借阅图书。为方便读者借阅，本馆外借服务中心采用色标分类的方法管理图书，读者可以按照书脊下方不同颜色的书标，区分不同类别的图书，利用色标来查找自己想要借阅的图书。

2. 读者证押金为 100 元、200 元两种，其中 100 元押金的借书证可借 4 册图书，200 元押金的借书证可借 8 册图书。

3. 图书借阅期限为 30 天，请在借期内及时归还图书。如果在借期内没有阅读完所借图书，可办理一次续借，借期从续借成功当天算起，为 30 天。

4. 图书续借四种方式：

（1）到馆续借。读者可携带须续借的图书到外借服务中心借书处办理续借。

（2）电话续借。

（3）网上续借。读者可登录本馆网站。

（4）手机微信续借。关注微信公众号" "进入微服务大厅，绑定账号（账号即身份证号，初始密码：123456），绑定成功后点击"图书续借"。

5. 读者借阅图书时，不准带书包、零食进入借阅服务中心，应自觉爱护图书，应遵守安静、整洁的秩序，不大声喧哗、随地吐痰、乱扔纸屑。陪同的家长须看管好自己的孩子，杜绝不文明行为，共造良好阅读环境。

6. 请读者将随身携带的其他与借阅无关物品存入寄存柜，贵重物品请随身携带，如有遗失，责任自负。

7. 请读者借阅图书时，当面检查图书，如发现有污损、勾画、缺页等情况，请及时向工作人员声明，由工作人员做出标记，以分清责任；归还时若发现有污损、勾画、缺页等现象又没有污损标记，将按有关规定处理。

（二）违规处理办法

1. 丢失图书处理。可以购买同版本图书赔偿，也可以按该图书原价进行赔款。

2. 损毁处理。图书被严重污损（涂抹、批画、割页等）以致无法流通使用时，应赔偿原书；如无法买到原书，须按原书价赔偿。图书污损较轻但不影响流通时，按提醒处理。

3. 偷窃处理。读者未办理借阅手续而将图书私自带出本馆，一经发现，视为偷窃图书，采取以下措施：（1）确认偷窃事实。（2）收回原文献。（3）如属首次偷窃，将给予该读者批评教育；如属第二次偷窃，将在读者记录上标记存档。

五、少儿阅览区读者须知

入馆要求：本馆接待 18 周岁以下的少年儿童，到馆 6 周岁以下儿童须有家长陪同。

1. 请把物品存放在寄存柜，不允许携带书包及食品、饮品入内。

2. 所有文献仅限在阅览中心阅读，每次只能取一册，阅后请将文献放回原处。

3. 请勿自行携带书刊、报纸等出版物以及家庭作业进入阅览中心自习。

4. 请保持安静，并将手机设置成静音状态。

5. 在阅览期间请家长照看好自己的孩子，不要让孩子乱跑，以免发生危险。

6. 禁止在馆区内任何空间场所吸烟。

7. 禁止携带易燃、易爆、有毒等危险物品入馆。

8. 请遵守本馆的各项管理规定，自觉维护良好的阅读环境。

9. 发生紧急情况，请听从工作人员指挥。

六、低幼活动室读者须知

1. 本室是为低幼儿童提供玩具图书以及开展绘本课堂等活动的专区。

2. 在本室阅览或参加活动的小读者，须有家长陪同并履行监护之责。

3. 不得将该区玩具图书及玩具模型带出本室。在使用过程中，请家长在旁监护，以防发生意外。

4. 阅读时每次只能取一册，阅后请放回原处。保持书刊的整洁，请勿涂改、批画、撕毁和污损。

5. 请家长照看好自己的孩子，不得在本室高声喧哗、打闹、追逐、睡觉、吃东西，不得随意搬移座椅位置。

第二节　读者服务管理制度与成效评价

一、服务承诺

尊敬的读者，欢迎光临××图书馆，我们为您提供以下免费服务：

1. 图书馆所有阅览室及各分馆免责阅览、免费开放。

2. 免费办理读者证（详见"读者办证须知"）。

3. 凭读者证（身份证即读者证）免费借阅，在总、分馆之间实行通借通还服务。

4. 举办的各类读者活动、公益讲座、展览等活动免费向公众开放。

5. 您可以在图书馆免费使用本馆提供的各类数据库资源。

6. 免费提供参考咨询服务。

以上承诺，请社会各界和广大市民监督。监督电话：××××××××。

二、借阅服务标准流程

（一）开馆前准备服务流程

严格遵守开馆时间，8：30准时开馆。服务用语：读者您好，请您遵守开馆时间，开馆前请您到公共大厅等候，谢谢合作！

（二）办证服务流程

1. 解答读者办证咨询。服务用语：请您凭家长或儿童的身份证（或户口本）原件办证。办证押金100元，可借书4册；办证押金200元，可借书8册。书证使用期限无限制，开馆日可随时退证，详情请阅读"读者借阅须知"。

2. 按"读者办证须知"办证。

3. 办证员提示读者与本人共同核准"证号"读者类型"读者押金"等项目，并保存信息。

4. 打印办证凭证，提示读者在办证凭证黑框内右下角签名。服务用语：您的书证已办理完毕，您现在可以借阅。

5. 读者办证档案统一放置于服务台第一层抽屉中，按办证时间顺序依次装订，于每月16日、月末前一天由当班馆员上交至部主任部门存档。

（三）退证服务流程

1. 解答读者退证咨询。服务用语：您好！读者请凭办证人的身份证（或户口本）原件退证。

2. 按"读者退证须知"退证。

3. 打印退证凭证，提示读者在退证凭证上签名。服务用语：麻烦您在退款凭证上签名，谢谢！

4. 馆员退款后，将退款存根统一放置于服务台第一层抽屉中，按时间顺序依次装订以备核账。服务用语：您的退证手续已办理，请核对款额，欢迎再次光临，再见。

（四）借书服务流程

1. 主动问候读者。服务用语：您好！请您将所借图书置于待借书箱内。

2. 请读者至取书处等待办理借书手续。服务用语：请您到取书处输入证号，等待取书。

3. 待读者或馆员输入读者证号后，馆员从待借书箱内逐册取书，置于服务机正前方扫条码，视线认证服务机器信息是否识别至操作完毕；同时提示读者协助核准借书信息。

4. 办理借书业务结束。服务用语：读者您现共借书 × 册，请拿好，再见。

（五）还书服务流程

1. 主动问候读者。服务用语：您好！

2. 双手接过读者还书，置于服务操作机器正前方，提示读者协助同步核准还书信息。

3. 逐册扫取条码，视线认证服务机器信息是否识别至操作完毕。

4. 还书业务结束前，服务用语：读者您本次还书 × 册。双方确认还书信息正确后，服务用语：谢谢，您可以借阅图书了。

（六）闭馆前服务流程

严格遵守闭馆时间，17：30准时闭馆。服务用语：（1）读者您好，我们的闭馆时间就要到了，请您做好准备。（2）您好，我们已经闭馆，不再办理借书业务，请您谅解。

（七）服务台物品摆放标准

1. 服务台要时刻保持整洁，物品摆放位置要得当，已成一定格局的，严格按标尺摆放，未经允许不得私自挪动、增加或减少。

2. 服务台不得存放与工作无关物品。

3. 非办公用品不得摆放于服务台面上，个人饮水杯用后请置于服务台面下储物台。

三、文明服务规范

（一）职业道德规范

1. 爱岗敬业，无私奉献：明确职业责任，维护职业尊严，珍视职业声誉，遵守职业道德。

2. 精通业务，开拓创新：熟知馆内业务格局，精通本岗业务领域，不断更新知识结构，提高科学文化素养和专业理论水平与技能。

3. 尊重读者，服务规范：尊重读者的阅读权利，满足读者的文献信息需求，积极采纳读者对图书馆工作的合理化建议，严格遵守规章制度，自觉执行岗位职责、工作标准和劳动纪律，规范操作流程。

4. 保护文献，传承文明：保障馆藏文献信息资源的安全和利用，以服务社会、服务读者为己任，以促进文化交流、传承人类文明为目标，实现现代图书馆的核心价值观。

5. 团结进取，和谐互助：同事间要以诚相待，团结友好，互相尊重，互相学习；工作中要互相支持，勇挑重担，严于律己，宽以待人。

（二）环境规范

1. 读者活动场所窗明几净、清新舒适，办公用品摆放合理美观，执机台、办公桌椅、办公设备齐整干净。

2. 执机台上除摆放借阅的书刊、电脑及必需的办公用品外，不得放置其他杂物。

3. 读者活动场所中的阅览桌椅，须摆放整齐，方便读者使用。待读者离开或下班清场后，应及时将椅子收拢在阅览桌（台）下方。

4. 在读者活动场所，摆放美化环境的盆栽植物须平稳放置，悬挂的花草植物须牢固安全。

5. 私人物品一律存放在柜中，下班前应将办公桌（台）清理干净。

（三）仪表规范

1. 工作人员在工作期间，应精神饱满、精力集中，言行文明礼貌，仪态端庄大方。

2. 工作人员可统一着装，上衣左胸位置须佩挂服务胸卡，以接受读者监督。

3. 男工作人员上班期间不得蓄长发、留长胡须或留怪异发型，不得剃光头，头发不得染过于鲜艳的颜色，指甲不得过长，不允许佩戴任何夸张饰物。

4. 女工作人员上班期间不得化浓妆，头发不得染过于鲜艳的颜色，指甲不得过长，衣着不得过于裸露、透薄。

（四）行为规范

1. 在岗期间，工作人员要举止端庄，微笑面对读者，热诚为读者服务，工作中出现差错，要主动地向读者道歉。如有特殊情况，交由本部门负责人处理；如有蓄意扰乱公共秩序者，交由保卫科处理。

2. 接待读者要热情诚恳，举止大方。遇到读者询问，必须热情周到地回答问题；当读者询问的问题属于自己的工作范畴时，必须正确解答，并对解答的内容负责。当读者询问的问题不属于自己的工作范畴或自己不能解答时，应耐心解释，并将读者引导到有关部门。

3. 工作人员应保持并维护读者活动场所的安静，不得大声喧哗，不得聚集闲谈；上班时间不得串岗、脱岗、干私活，不得阅读消遣性书刊报纸，不得利用电脑上网娱乐游戏；不得长时间打电话或接听手机；服务窗口的工作人员当班时，手机要调至振动模式。

4. 服务窗口的工作人员不能懒懒散散，不得背对读者，不得坐在桌（台）子上，不得用脚蹲、踏、跷在桌椅或书架上；不得面对读者做出剪指甲、打哈欠、伸懒腰、剔牙齿、挖鼻孔、掏耳朵等不雅行为。工作人员站姿接待读者时，身体应正面面对读者，正视读者；坐姿接待读者时应抬头正视读者，不得架腿、晃脚；走路时遇到读者询问，应停步并面对读者，注意倾听并回答读者的问题。

四、借阅服务文明提示语

开馆时文明接待（8：30）：读者朋友们上午好，欢迎您到本图书馆，8：30本馆正式开馆，请在大厅等候的读者到服务台办理相关手续。

1. 读者朋友们，上（下）午好，请不要在大厅内交谈、聊天，更不能喧哗。悄悄走路，轻声说话，良好的氛围靠大家。请您做一个文明的读者。谢谢！

2. 读者朋友们，上（下）午好，本馆规定不允许携带任何包、食品、饮品进入外借中心，请您将物品寄存在寄存柜后，方可进入。谢谢您的配合！

3. 读者朋友们，上（下）午好，请不要在阅读区聊天、饮食，请您保持安静阅读，养成良好的阅读习惯。谢谢！

4. 亲爱的小读者，上（下）午好，请不要在大厅内乱跑。也请家长照看好自己的孩子，以免发生危险。谢谢！

5. 读者朋友们，上（下）午好，请您在办理借还手续时保持安静，自觉排队。谢谢配合！

6. 读者朋友们，上（下）午好，在图书馆借阅时，请您将电话调节到振动，接听电话时请走出大厅轻声通话。谢谢！

7. 读者朋友们，上（下）午好，环境的整洁靠大家自觉保持，请不要随意吐痰及口香糖，更不要随意丢弃垃圾。谢谢！

8. 读者朋友们，上（下）午好，在图书馆借阅图书时，请您爱护图书，轻拿轻放，不借阅的图书请您放回原处或服务台！

9. 读者朋友们，上（下）午好！现在因为系统故障，暂时不能办理借阅手续，给您带来不便，我们深表歉意。现在请您保持安静，您可以到阅读区或者阅览服务中心耐心等候，排除故障后，我们会立即通知您。谢谢配合！

10. 读者朋友们，上（下）午好，现在系统故障已经排除，请您到相应服务台办理借还手续，在办理借还手续时请您保持安静，自觉排队。谢谢配合！

闭馆时（17：20）： 读者朋友们，下午好，本馆闭馆时间为 17：30，现在距闭馆时间还有 10 分钟，还没选好图书的读者请您抓紧时间。谢谢您的配合！

五、少儿阅览报刊工作规则

（一）阅览服务中心日常工作规则

1. 熟悉本馆入藏报纸、期刊的品种、数量及出版的频率，提供一般查询服务。

2. 负责报纸、期刊的上架、下架、顺架管理，并随时巡视、及时还架，保证报纸、期刊有序排列。

3. 维持阅览秩序，进行读者阅览统计和一般咨询服务。

4. 严格遵守和执行报刊出入本室的手续和制度，任何人未经办理手续，不得私自携出或借出本室报刊。

（二）报纸、期刊登验收记规则

1. 报纸、期刊到馆后必须履行验收手续，逐一与本馆预订的报刊品种和份数相核对，检查有无破损、少页、倒装等装帧质量问题。

2. 记到就是期刊到馆后的验收处理，记到登记是对期刊合订之前到馆情况的原始记录，管理人员应依据本馆所订期刊设立期刊验收卡（单）。记到以邮发代号的顺序排列，以到馆期刊确切数字为准，按照期刊名称逐期逐册登记、记到。

3. 为了保证记到质量，应特别注意统一刊号、邮发代号与记到是否相符，发现错误应及时纠正。对错送、漏送、少送的报刊要立即与综合业务部有关人员联系，由综合业务部负责催索。要求对每天到馆的报刊当天处理完毕。

4. 期刊验收登记后，要加盖馆藏章，及时上架，投入使用。

（三）报纸、期刊装订规则

1. 对所订购的长期保存的少年儿童报纸、期刊的装订，应在每年2月以前，将上年度的报纸、期刊整理下架，清点核实无缺期后，分别按月、季、半年或一年的时限，酌情装订。

2. 缺期报纸、期刊除原缺及特殊情况外，暂不装订，尽可能配齐后再装订。

3. 对装订后的报纸、期刊题名，年月日，卷期号要进行复核，发现装订错误要及时改正。

4. 期刊装订后，要在报刊合订本的期刊脊书写期刊名称、年度和起讫卷期，要求字迹清晰、工整、规范。

（四）报纸、期刊合订本保存规则

1. 借阅部核验装订好的期刊合订本，没有问题后，按题名、年月日（卷期号）逐册进行登记，编列清单一并交送综合业务部。

2. 综合业务部验收无误后，双方办理交接手续；综合业务部负责将报纸、期刊合订本打包并存放书库保管。

（五）期刊电子记到

图书馆自动化集成系统（ILAS）是图书馆业务工作的重要管理手段。该系统是在 Lenix/Unix 操作系统下用 C 语言开发的图书馆自动化软件包。系统是由采访、编目、流通、连续出版物管理、联机书目检索和参考咨询 6 个子系统组成，可在网络环境、单用户环境和远程网络环境下运行。

期刊记到工作流程就是通过登录图书馆 Interlib 管理系统，输入用户名及密码进入期刊记到管理，点击"进入期刊"—"期刊记到管理"—"期刊记到处理"—通过 IBBN/ISSN（题名、著者、主题、分类号、控制号、订购号、出版社、期刊预订号、订购批号、统一刊号、书目记录号、索书号、条码号）检索所需期刊—输入查询条件进行查询。

新加增加—书商代码（例如，鞍山邮局）—资金预算（AT2012 报刊）—财政拨款—出版周期（月、日、旬等）—文献来源（订购）—原价（半本价）全年价—复本数（1、2）—分配地点（书库）—馆藏地点（社科期刊、科技期刊）确认—点"保存"。

对于已增加新记到的期刊，每次记到要重新检索，点击所增加的期刊，双击"记到"即可，对点击错的，可通过编辑和删除重新处理。

六、卫生清扫管理细则

借阅部是图书馆对外的一个文明窗口，它的卫生状况是衡量图书馆办馆水平的一个重要标志，也是图书馆自身建设一个必不可少的环节。为了加强读者服务部门的卫生管理，营造文明、整洁、优美的阅读环境，特制定本管理细则。

（一）卫生清扫职责

借阅部负责本部门服务大厅、服务台及办公室区域的卫生清扫，具体包括地面、书架、桌椅、窗台等（窗户除外）服务办公设施、设备的清洁与维护。

（二）卫生清扫时间

1. 每天上班提前 10 分钟到岗，打扫服务区内办公设施卫生，于开馆前结束清扫工作；当天闭馆后打扫地面卫生，并将阅览椅子归位，书刊摆放排列整齐。

2. 每半月进行全面卫生清扫 1 次；逢国家法定节假日或大型读者活动日，应提前一天组织本部门大扫除。

（三）卫生清洁标准

"五净"，即地面、书架、桌椅、服务台、门窗净；"四无"，即无灰尘、无脏物、无涂污、无乱摆乱放。

（四）卫生清扫要求

1. 读者服务设施应经常擦拭、除尘，保持清洁，摆放位置要适当，已成一定格局的，未经允许不得私自挪动、增加或减少。

2. 办公室内办公用品、报纸等摆放整齐有序，不得存放与工作无关的物品，个人生活用品应放在私人空间为宜。

3. 服务台必要用品摆放整齐，非办公用品不得摆放在桌面上，下班离岗前应保持桌面整洁无杂物，座椅归位。

4. 读者服务区内不准堆放杂物，清扫用具使用完毕，应洗涤干净，置于固定位置。

5. 为保持公共区空气流通，应经常开窗换空气，保持室内无异味。

（五）卫生清扫监督检查

1. 建立每日轮流清扫卫生的制度，工作人员严格按照值班表负责当日卫生清扫工作。

2. 当日工作人员要协作配合做好卫生清扫工作，不得推诿、拖延，如发现拈轻怕重、清扫不彻底等情况，视情节轻重予以批评教育、上报主管领导及取消年终评优资格等处理。

3. 卫生清扫实行部门责任制，由部门主任总体负责管理及日常监督检查，本部门工作人员有责任做好日常清扫及维护工作，有责任制止不卫生、不文明的行为。

4. 对于日常清扫工作中出现的问题要及时修正，做到每半个月例会阶段性总结工作一次。

七、突发事件应急预案

为维护广大读者利益及人身安全，增强馆员应对突发事件的处理能力，及时、有效处理突发事件，使突发事件损失降到最低限度，特制定突发事件应急预案。

（一）加强领导，组织健全

1. 成立突发事件应急处理领导小组，统一指挥和组织突发事件的应急处理工作。

2. 明确分工：领导小组负责现场援助、事件调查、善后处理等工作。根据事件应急的需要，领导小组可以随时调集人员，全体馆员必须全力支持和配合。

（二）突发事件种类

1. 重大火灾安全事故。

2. 突发治安事件：图书馆人流密集，读者和工作人员之间、工作人员和工作人员之间、读者与读者之间，有时会因为一些琐碎的小事发生口角，如果处理不当，有可能激化成打架斗殴甚至群体参与的恶性事件。

3. 突发停电情况：图书馆实行计算机自动化管理，如遇突然停电，轻则中断正常工作，重则系统数据丢失。

4. 突发伤病、疾病：遇到急症、外伤严重读者或传染病读者。

5. 其他突发事件。

（三）突发事件报告及处理程序

发生突发事件后，现场目击馆员必须立刻向上级领导报告，并根据事件情况及时向消防、公安、卫生等相关部门请求援助。要本着"先控制、后处理、救人第一、减少损失"的原则，果断处理，积极抢救，指导现场读者离开危险区域，保护好图书馆贵重物品，维持现场秩序，做好事故现场保护工作。

事后要做好突发事件现场情况说明，提交有关书面、视频材料，做好善后处理工作，对缓报、瞒报、延误有效抢救时间造成严重后果的视情节予以不同等级处分。

（四）突发事件详细应急预案

1. 火灾应急预案

（1）当图书馆发生火情时，当班工作人员应保持镇静，立即将火情上报馆领导、119 指挥中心。119 电话报警的专用语示例："这里是铁东区胜利南路 45 号鞍山市少年儿童图书馆，我馆×层×位置发生火情，燃烧物质为××××，火势发展状况为××××，我的姓名是×××，我的电话是×××××。"之后，耐心地听取接警员的询问，准确回答问题。

（2）切断馆内电源。

（3）当班人员引领读者依次有秩序地快速通过安全通道撤离图书馆，疏散时要从没有灾情的安全通道疏散，严禁乘坐电梯。

（4）及时组织对受伤人员进行救治。

（5）排查事故原因，及时处理并上报。

（6）保护好现场。

2. 突发治安事件应急预案

（1）当班工作人员要控制事态发展，平息、稳定当事人情绪。

（2）立即上报馆领导。

（3）发生意外伤亡事故时，视情况及时将伤者送往医院救治，并及时通知其家属；伤势严重危及生命时，立即与 120 急救中心联系，进行救治。

3. 停电应急预案

（1）立即上报馆办公室，电话咨询停电情况。

（2）借阅部应出示"停电"提示牌，停止借书。当班工作人员坚守岗位，维持秩序。

（3）分管领导及部门主任在第一时间赶到相关窗口，协调安排工作人员接待和疏导读者。

4. 突发伤病事件

（1）馆员要保持充分冷静，立即将无关人员隔离。

（2）及时拨打120急救电话，并向上级领导报告。

（3）等待期间可用话语安抚当事人情绪，询问其亲属联系方式，并与之取得联系，不要发生肢体接触。

5. 其他突发事件

（1）读者遗失贵重物品。馆员在服务工作中拾到读者遗失的贵重物品后，要"拾金不昧"。登记读者遗失物品、简单记录事件过程，能与读者取得联系的，第一时间通知读者凭有效证件（身份证）在约定的时间内，听取读者描述所失物品明细无误后取回。整个事件事中、事后要向有关领导汇报。

（2）无独立自主阅读能力读者无人监管。图书馆应在《读者须知》中明确提出"无独立自主阅读能力读者应由监护人陪同阅读，否则发生任何意外事件概不负责"。闭馆后若遇到突发状况，出于人道主义精神可耐心安抚读者，详细询问其家长姓名、联系方式，并与其取得联系，限时领回。馆员要让小读者指认其家长，家长出示身份证、联系方式后方可交接。

（3）不文明读者违规行为。馆员第一时间向部门主管领导报告，并密切关注滋事读者的行为。分管领导、部主任出面处理事情、遏制事态发展。事态恶化时，及时拨打报警电话或派出所电话。

八、馆员岗位服务规范考核表

姓名：　　　　　　　　　　　　时间：

项目	序号	考评内容	分值	扣分项目及扣分分值	考核记录	评分
上岗要求 30 分	1	仪表端庄，着装整洁；不将孩子或来访客人带到工作岗位上；不在岗位聊天、说笑、打闹；不做与工作无关的事情，商谈工作时要低声	5	着装不合理扣 1 分，穿拖鞋扣 1 分，抽烟扣 1 分，将孩子或来访客人带到工作岗位上扣 1 分，在岗位上打电话聊天扣 1 分，在岗位上做与工作无关事情扣 1 分		
	2	所分担区域环境卫生、整洁，做到无垃圾、无杂物、地面净、桌椅净、书架净、计算机等设备净、桌椅摆放整齐	10	无故不参加当日卫生清扫扣 2 分；服务台摆放私人物品扣 1 分；清扫不彻底，地面、桌椅、书架、计算机等设备不干净扣 1 分；桌椅摆放不整齐扣 1 分		
	3	做好开馆前各项准备工作；按时开馆，不提前闭馆	5	未按时开馆扣 1 分，提前闭馆扣 1 分		
	4	遵守纪律，不迟到，不早退，不擅自离岗	5	迟到、早退扣 1 分，擅自离岗扣 1 分		
	5	所分担区域无安全隐患，下班后闭灯、锁门、切断电源	5	下班没闭灯、锁门、切断电源 1 次扣 1 分		
服务规范 15 分	6	工作中使用文明语言、文明提示语，文明播报；不说粗话、讽刺话、训斥话、有损读者尊严的话；不与读者发生争吵	10	怠慢读者，遭到读者投诉扣 3 分；说话态度生硬、训斥读者扣 1 分		
	7	工作专注、坐姿端正，礼貌接递读者证件，书刊文献轻拿轻放	5	坐姿不端正者扣 1 分，有对读者不礼貌的行为扣 1 分		
职责要求 55 分	8	熟练掌握与本岗位相关的计算机技能和方法，能独立完成本岗位的工作；认真用条码器扫描文献，文献借还时认真核对、查验	15	计算机操作技能不熟练，文献借还时未认真核对，发生错误的 1 次扣 2 分		

职责要求55分	9	做好日志记录及本岗位要求的各项登记记录等	5	日志记录不及时、丢失图书没及时登记等本岗位各项要求记录没及时记录的行为，发现 1 次扣 1 分，期刊没及时登记 1 次扣 1 分	
	10	书刊文献随时归架，排架整齐，做到"一条线标准"；须装订或剔除的书刊文献要及时下架；书标有脱落时，应重新补贴新书标	20	所分担的区域书架不整齐、乱架 1 次扣 2 分；色标排架 1 面书架误差率不超过 2 册，超过 2 册每 1 册扣 0.5 分	
	11	保持服务区域的安静、整洁，经常巡视检查，礼貌制止各类违规行为（如吃东西、大声喧哗、抢位等）	5	服务区域内不安静、整洁，未能管理好读者的各类违规行为扣 1 分	
	12	团结协作，着眼全局；工作中与同事相互配合，不计较个人得失；积极参加员工培训学习，参加部门例会；按时完成领导交办的各项工作任务	10	同事之间工作上不配合，影响工作者 1 次扣 2 分；无故不参加员工培训和集体劳动者 1 次扣 2 分	

分馆领导签字：	主任签字：	被考核人签字：

备注：

少儿读者服务 | **059**

第三节　少儿读物排架标准

一、少儿读物排架特点

1. 便于检索和利用，能简便迅速地取书及归架，节省人力和时间。

2. 便于读者系统地选择使用馆藏文献，也便于馆员通过书架直接了解和掌握文献的入藏情况，熟悉和研究馆藏。

3. 充分利用书库空间，节约书库面积。

4. 便于清点和剔除馆藏文献。

二、少儿读物排架办法：分类排架法

分类排架法是以文献分类体系为主体的排架方法，即按照《中国图书馆分类法》（以下简称《中图法》）进行排架。现在的图书馆一般都采用这种排架方法。

1. 索书号

索书号又称排架号，是表示某种文献在整个文献组织中所处位置的一种号码标识，与书库中的具体架位有着一一对应的关系。一个索书号代表着一种特定的文献。

索书号由两部分组成：第一部分为分类号；第二部分为种次号。分类号由分类代码和数字组成，例如，B22、I88、I89、Q91；种次号一般依据某一种文献进馆的先后顺序给出的号码，用数字表示，例如，31、29、19。

2. 分类排架方法

（1）先排分类号。分类号完全相同时，比对种次号排列。

（2）书在架上的排列顺序应遵循从上到下、从左到右的原则。

（3）每一排书架应有架标，排架与排架之间，呈"S"形迂回绕架连接。

三、少儿读物排架办法：色标排架法

在中国公共图书馆，图书上架的一般原则是按照"中图法"分成22个基本大类上架（习惯上字母A—K类为"社科类图书"，字母N—Z类为"自然类图书"）。对于借阅室的上架图书，各馆会按照一定年限标准（比如最近5年）保留书架，并在日常工作中逐步上下架新旧书，实现更新。这样安排工作非常规范，便于管理，保证效率，但也有几点不便之处：首先，对于工作人员运用图书馆分类知识的能力提出了一定的要求，分类排架可以说是一项基本功，按此种方法排架藏书量多的话，工作量非常大。其次，从少儿读者的身心特点来看，运用"中图法"选择图书对于少年儿童有一定的难度，寻找图书也不直观，非常烦琐。建议少儿借阅区采用色标排架法。

不同颜色组合表示图书不同类别的标签，称作色标。色标排架法是指在主题分类的基础上，依据不同颜色的色标和数字相结合对文献进行整理排架。依据不同颜色的"检索标引"，标明不同类别的图书和所在书架，书架上也有对应的不同颜色的"书架标"，每本书都贴上了与"书架标"相同颜色的"分类标引"。

色标排架的好处：排架是图书馆一项最基本的日常工作，索书号排架是图书馆"借借还还"时代中最重要和最主要的日常工作。它对于工作人员运用图书馆分类知识的能力提出了很高的要求，分类排架可以说是一项基本功。按此种方法排架藏书量多的话，工作量非常大，不懂此种方法排架的读者，寻找图书也不直观，非常烦琐。但采取色标排架法，不仅把工作人员从繁重的图书上架工作中解放出来，更重要的是色彩直观，便于不懂图书分类的读者也能按主题查找所需图书，方便读者借阅。

第四节　少儿图书系统操作规范

图书馆外借服务一般使用 Interlib 图书馆集群管理系统中的流通子系统。流通子系统的正常使用，依赖于图书馆已经建立了完整的馆藏目录和读者数据库，除此之外，针对各馆的流通制度还需要在系统中定义相关参数。本节主要介绍流通子系统操作规范。

一、流通制度

在开始流通工作之前，首先必须定义流通制度。制度是通过参数设置来定义的。流通业务参数包含以下几个部分：

1. 读者流通类型：定义各分馆的读者类型，读者管理和流通处理时系统根据不同的类型区分管理。

2. 馆藏地点：可以针对不同书库采用不同的流通制度来管理，馆藏地点按照图书馆的典藏位置定义，其是所有子系统中都会用到的参数。

3. 文献流通类型：读者借阅不同类型的文献可以采用不同的规则，一般来说，变化不大，按照系统默认设置。

4. 借阅规则：类似借阅制度，定义了文献的借阅册数、期限等信息。

5. 流通规则：通过参数组配的方式形成。由"馆名+读者类型+馆藏地点+文献类型+借阅规则"的组配形成流通规则。表示某分馆的某类读者借阅某地点的某类文献，采用某个借阅规则。

6. 流通延期参数：闭馆时间设置，在设置时间范围内还书的读者时间顺延。

7. 办证费用管理参数：定义办理读者证需要收取相关费用的组合。

8. 条码结构参数：定义系统中会出现的一些特殊结构条码，以使系统能够正确识别。

二、流通处理

流通子系统日常的事务处理集中在图书的外借、还回、续借和读者办证等操作上。进行流通处理时，系统将读者信息和文献信息显示在当前操作屏上，提供参考。在区域图书馆集群管理下进行流通处理，与单馆流通处理方式相同。

流通管理包含的功能有：借书、还书、续借、丢失、污损、闭馆还书、催还通知等。在各功能之间可以用快捷键进行切换，也可以单击每一个功能进行相关处理。

（一）借书

进入"流通/流通管理/借书"，证号输入框和图书条码输入框为空，光标停留在证号输入框，输入读者借书证号码，光标自动移到图书条码框，用光笔读入图书条码，完成借书操作。此时，右方显示读者借阅的图书信息，下方显示读者的借阅列表。处理后光标仍然停留在图书条码输入框，读者可以继续借阅其他图书。如果读者借阅的图书不满足流通制度的定义，系统提示相应的信息。

处理下一个读者的借书：使用快捷键"Alt+J"或"回车"，光标回到读者证输入框，等待处理下一个读者。

借书处理如下图：

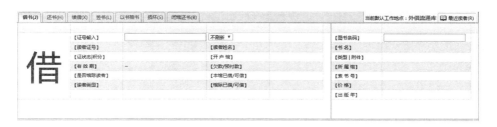

正常操作下，可能存在以下情况导致读者借阅图书不能成功：

1. 读者证号或图书条码不对。

2. 流通制度中没有满足读者借阅文献的规则。

3. 读者借阅图书已达最大可借数。

4. 读者证过期、挂失、暂停或丢失。

5. 读者有过期图书未还（如果设置了超期仍可借，则读者还能借阅图书）。

6. 读者是外馆读者，没有开通馆际服务。

（二）还书

进入"流通/流通管理/还书"，读者证号输入框和图书条码输入框为空，光标停留在图书条码输入框，等待工作人员用光笔读入图书条码。

工作人员用光笔读入图书条码，还回图书，图书详细信息显示在右方，读者信息显示在左方，下方显示读者的借阅列表。如果是外馆图书，系统根据制定的流通制度判断读者是否能够跨馆借还文献，"是"则处理同上，"否"则提示读者没有开通馆际服务。

处理下一册图书还回：继续读入图书条码号。

还书处理如下图：

正常操作下，可能存在以下情况导致读者还回图书不能成功：

1. 所读入的图书条码错误。

2. 图书没有借出，在馆或已经还回。

（三）续借

进入"流通/流通管理/续借"，读者证输入框和图书条码输入框为空，光标停留在图书条码输入框，用光笔读入续借图书条码进行文献续借。

读者续借文献有次数限制，在借阅规则中定义最大续借次数为 1 次。

续借处理如下图：

正常操作下，可能存在以下情况导致续借图书不能成功：

1. 读者有超期文献未还。

2. 读者欠罚金额超过最大欠款可借金额限制。

（四）丢书

工作人员对读者丢失的图书做丢书处理后，图书馆藏状态变为"丢失"，系统对读者罚款处理，要求输入罚款倍率对读者进行处罚。如果读者重新找回图书，在典藏处理中登记图书，恢复"在馆"状态。

进入"流通/流通管理/丢书"，读者证输入框和图书条码输入框为空，光标停留在读者证输入框，输入读者证号，下方显示了读者所借图书列表，每册图书的尾部有一个"丢失"按钮，在丢失的图书尾部单击"丢失"，按照相关制度对图书进行丢失处理。

丢失处理如下图：

当读者要求以书赔书时，点击"以书赔书"栏目，输入读者证号，调出读者借阅信息，选择要处理的图书，按流程处理。

以书赔书处理如下图：

三、损坏处理

读者还回图书时，工作人员发现图书被读者污损，进行损坏处理。进入"流通/流通管理/损坏"，读者证输入框和图书条码输入框为空，光标停留在图书条码输入框，工作人员用光笔读入被读者污损的图书条码，对图书做损坏处理，系统显示被损坏的图书信息，提示输入污损罚款金额。工作人员输入罚款金额后，单击"提交图书"，系统要求交付罚款，可以选择"现在交付"（交纳现金）、"以后交付"（记账）、"取消本次罚款"（取消收费）。

损坏罚款处理如下图：

四、闭馆还书

图书馆正常闭馆或由于其他原因临时闭馆，在闭馆期间，读者服务会受到影响。为了减少对读者服务的影响，到馆还书的读者可以将图书投入还书柜，图书馆正常开放后再将读者还回图书进行处理。这就是闭馆还书方式。

进入"流通/流通管理/闭馆还书"，当前功能提示是"闭馆还书"，默认闭馆还书日期是当天，读者证输入框和图书条码输入框为空，光标停留在图书条码输入框，等待工作人员用光笔读入图书条码。

进行闭馆还书处理，需要正确设置闭馆还书日期，读者还回图书时间以设置的闭馆还书日期计算，超过的时间不再计算。

例如 2013-12-20 临时闭馆，这天读者还回图书，2013-12-21 开馆后处理前一天读者还回的图书。进入系统的"闭馆还书"模块，将闭馆还书日期设置为"2013-12-20"，再做还回处理。系统认定读者还回图书的时间是"2013-12-20"而不是当前处理时间。

闭馆还书处理如下图：

工作人员可以根据实际的工作需要设定不同的查询统计条件。

五、读者管理

建立读者数据库，进行读者证事务操作和财经操作。读者数据的完整是进行读者分析的基础。上节讲述了影响读者证事务处理的参数，本部分讲述办理读者证及有关的证事务操作和读者的财经处理。进入"流通/读者管理/读者权限"，按表单内容输入读者信息，办理借书证。退证时，点击"证管理"，选择"退证"，退还读者押金后，完成退证操作。如下图：

六、文献借阅统计

进入"流通/借阅查询统计/文献借还册次查询或文献借还人数查询"或"流通/借阅查询统计/读者借还册次查询或读者借还人数查询"，选择要查询的分馆名称、查询时间、流通类型等进行相关统计，用于日常服务情况的统计汇总。具体操作如下：

（一）文献借还册次统计方法及步骤

文献借还册次统计：统计某段时间内的借还量，读者每借还 1 本书算 1 个册次。

1. 打开 Interlib 系统，输入用户名、密码，进入系统。如下图：

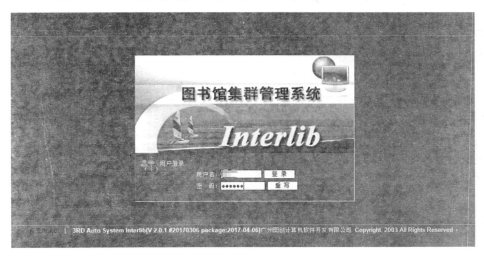

2. 进入流通子系统。如下图：

3. 在左侧的菜单里找到"借阅查询统计"项并点开，在"借阅查询统计"菜单下找到"文献借还册次统计"项并点开。如下图：

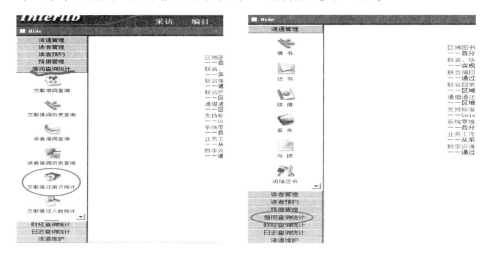

4. 点开"文献借还册次统计"项后，在右边的各项查询条件中选出本部门需要的条件。如下图：

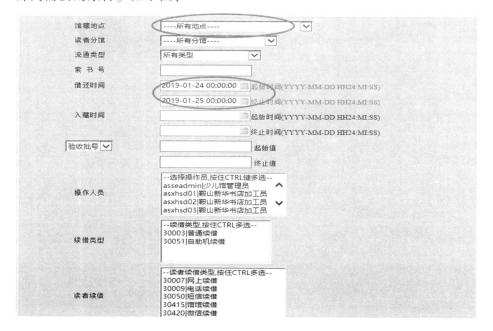

"馆藏地点"为本部门的藏书地点；"借还时间"选择要查询的时间；"操作人员"为可选可不选项，如果选就是查询某个操作员单独在这个馆藏地点下的借还册次数据，如果不选则是这个馆藏地点下所有操作员的统计借还册次数据。

"统计类型"为"借阅统计"与"还回统计"，这两项需要单独统计。

最后点开"配置统计项"进行统计项选择。如下图：

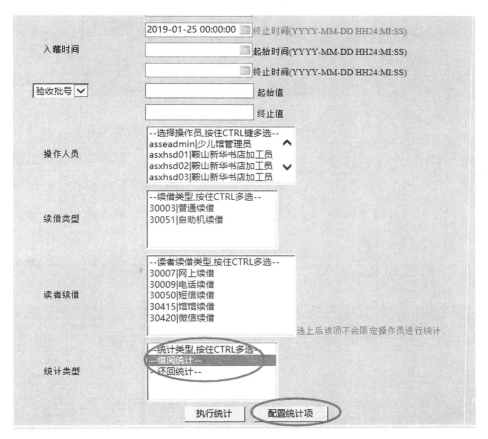

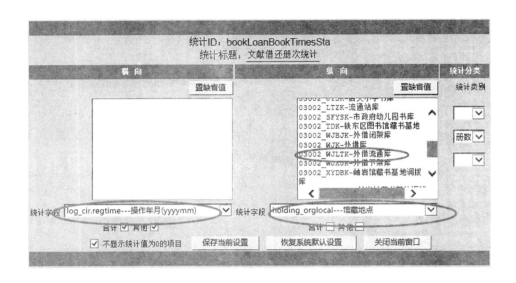

在"配置统计项"里横向的统计字段项点开向下的黑色箭头，选择操作年月项；纵向统计字段项也点开向下的黑色箭头号，选择馆藏地点。然后点上方的"置缺省值"后，出来的各馆藏地点参数只保留要统计的馆藏地点（如"外借流通库"），其余的都删掉，最后点"保存当前设置"并关闭当前窗口。如下图：

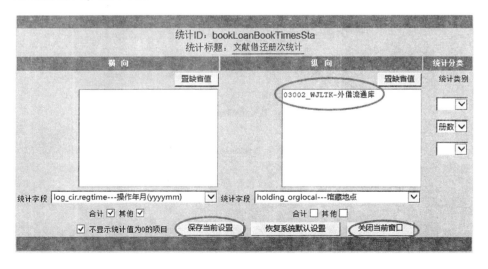

开始"执行统计"。如下图：

文献借还册次统计

【　　借还时间：2018-01-01 00:00:00~2018-12-31 00:00:00　统计类型：--借阅统计--　】 打印　保存　输出Excel

(操作年月(yyyymm)\馆藏地点)	统计项	24小时自助书库	外借流通库	合计
201801	册数	1142	4846	5988
201811	册数	253	873	1126
201805	册数	509	2118	2627
201806	册数	667	2695	3362
201807	册数	834	3379	4213
201808	册数	539	1859	2398
201812	册数	883	2890	3773
201802	册数	949	3807	4756
201803	册数	1132	4632	5764
201809	册数	2	0	2
201804	册数	24	78	102
201810	册数	19	58	77
合计	册数	6953	27235	34188

统计日期：2019-1-24 14:46:24　　　　　　　　　　　　　　　统计人员：lxy

鼠标在"操作年月"处点一下，下面的日期可以按顺序排列，表格可以直接打印，也可以文本或 Excel 格式保存。如下图：

文献借还册次统计

【　　借还时间：2018-01-01 00:00:00~2018-12-31 00:00:00　统计类型：--借阅统计--　】 打印　保存　输出Excel

(操作年月(yyyymm)\馆藏地点)	统计项	24小时自助书库	外借流通库	合计
201801	册数	1142	4846	5988
201802	册数	949	3807	4756
201803	册数	1132	4632	5764
201804	册数	24	78	102
201805	册数	509	2118	2627
201806	册数	667	2695	3362
201807	册数	834	3379	4213
201808	册数	539	1859	2398
201809	册数	2	0	2
201810	册数	19	58	77
201811	册数	253	873	1126
201812	册数	883	2890	3773
合计	册数	6953	27235	34188

统计日期：2019-1-24 14:46:24　　　　　　　　　　　　　　　统计人员：lxy

（二）读者借还人次统计方法和步骤

"读者借还人次统计"中的"人次"有两种定义：

"按册"统计：读者每借还 1 本算 1 人次，即人次=册次。

"按次"统计：读者连续借还算 1 人次。

问：假如有个读者今天连续借了 5 本书，则用"按册"和"按次"统计出来的人次分别是多少？

答："按册"：人次=5；"按次"：人次=1。

同上，进入系统的步骤如下：

在"流通"子系统下的"借阅查询统计"菜单下进入"读者借还人次统计"项：选择"时间""统计类型"（"借阅""还回"）等项，并在"配置统计项"里选择想要统计的字段条件。如图所示：

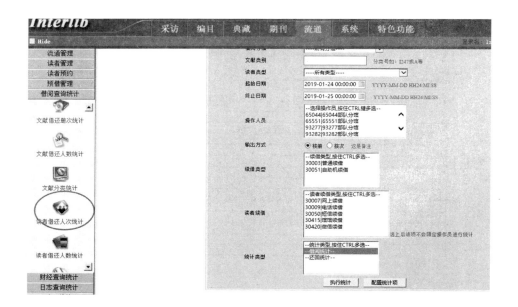

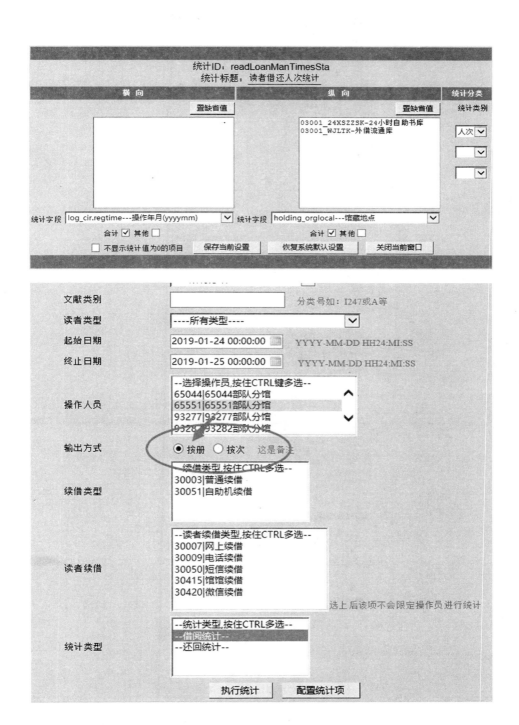

统计ID：readLoanManTimesSta
统计标题：读者借还人次统计

横 向	纵 向	统计分类

置缺省值   置缺省值   统计类别

03001_24XSZZSK-24小时自助书库
03001_WJLTK-外借流通库

人次 ▢

统计字段 log_cir.regtime---操作年月(yyyymm) ▢   统计字段 holding_orglocal---馆藏地点 ▢

合计 ☑ 其他 ▢   合计 ☑ 其他 ▢

▢ 不显示统计值为0的项目   保存当前设置   恢复系统默认设置   关闭当前窗口

文献类别	[ ] 分类号如：I247或A等
读者类型	----所有类型---- ▢
起始日期	2019-01-24 00:00:00 YYYY-MM-DD HH24:MI:SS
终止日期	2019-01-25 00:00:00 YYYY-MM-DD HH24:MI:SS

操作人员
--选择操作员,按住CTRL键多选--
65044|65044部队分馆
65551|65551部队分馆
93277|93277部队分馆
9328 |93282部队分馆

输出方式   ⦿ 按册   ◯ 按次   这是备注

续借类型
--续借类型,按住CTRL多选--
30003|普通续借
30051|自助机续借

读者续借
--读者续借类型,按住CTRL多选--
30007|网上续借
30009|电话续借
30050|短信续借
30415|馆馆续借
30420|微信续借
选上后该项不会限定操作员进行统计

统计类型
--统计类型,按住CTRL多选--
--借阅统计--
--还回统计--

执行统计   配置统计项

"按册"统计出来的结果如图所示：

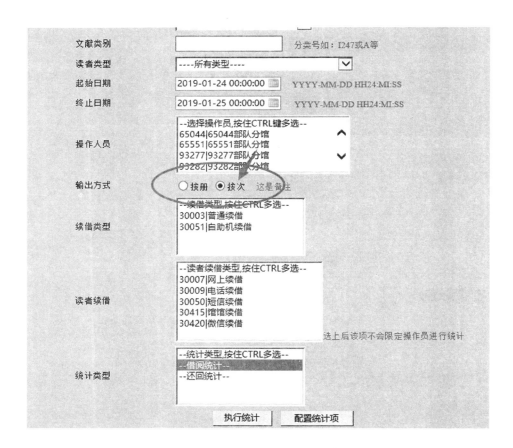

"按次"统计出来的结果如图所示：

读者借还人次统计

(操作年月(yyyymm)\馆藏地点)	统计项	24小时自助书库	外借流通库	合计
201901	人次	8	30	38
合计	人次	8	30	38

统计日期：2019-1-24 15:47:01　　　　　　　　　　　　　　　　　统计人员：▨▨

第五节　少儿文献采编工作规则

一、文献采访工作规则

（一）藏书建设原则

1. 采访工作要根据本市文化、社会地理现状及在国家、本省的地位和作用，结合本馆的发展目标，逐步建立具有本地区鲜明特色的少年儿童藏书体系，既要保证藏书重点，又要照顾广大读者的阅读性需求。

2. 采访以中文文献为主。重点藏书，要注意保持其完整性和连续性；再版书，要注意其补缺拾遗。同时应做到种数、册数兼顾，复本量控制在实际需要的水平上，以利于增加图书种类。

3. 对我国的台湾、香港、澳门地区及国外出版的中文儿童文献，要选择适合本地区少年儿童阅读的优秀种类入藏；对宣扬反动、暴力、淫秽、封建迷信等影响少年儿童健康成长的文献资源要严格把关。

4. 坚持以"藏为所需"为原则，实行现购为主，邮购、预订为辅；本地采访为主，外地采访为辅。多渠道采访文献资料，以扩大品种，增加馆藏文献资源。

（二）文献采访重点及范围

1. 采访重点

（1）党和国家主要领导人关于少年儿童工作的著作，党和政府对少年儿童工作的指导性文献资料。

（2）古今中外的优秀少年儿童文学作品。

（3）各学科教育、教学参考资料。

（4）各学科启蒙读物及科普读物。

（5）本地区地方文献。

（6）各学科参考工具书。

（7）中外优秀绘本、低幼读物、连环画册。

2. 采访范围

（1）党和国家主要领导人关于少年儿童工作及教育方面的论述，应尽全采访。

（2）党和政府有关少年儿童的政策、法令、决议、指示、报告等指导性文献资料，应尽全采访。

（3）古今中外各学科名人传记、生平事迹、回忆录应广泛采访。

（4）本地区少年儿童文献应全面采访。

（5）古今中外优秀的儿童文学作品应全面采访。

（6）适宜低幼儿、中小学生阅读的各学科教育、教学参考文献应全面采访。

（7）适宜少年儿童阅读的艺术类作品应适当选购。其中对于具有我国优秀民族传统的连环画，特别是珍本、善本连环图画，应尽全采访。

（8）适宜低幼儿、中小学生阅读的各学科启蒙文献和科普文献应广泛采访。其中，对具有我国优秀民族传统的古代蒙学作品，应尽全采购。

（9）适宜少年儿童阅读的报纸、期刊应根据上年度订阅情况逐年延续订阅，视其情况适当调整当年的订阅范围。

（10）适馆少年儿童阅读书的视听资料及电子文献，根据设备情况应广泛采访。

（11）各学科自学或教学参考工具书、检索工具书应尽全采访。

（12）经选订的多卷书、丛书及连续出版物必须配套、完整采访。

（13）配合教育、教学普及科学文化知识，进行政治学习宣传的挂图、宣传画、图片等应适当采访。

（14）港、台、澳及海外出版的中文及原版优秀少年儿童文献，应有选择地采访。

（15）适合家长、教育工作者和其他各类型儿童工作阅读的文献，应全面采访。

（16）国内外儿童图书馆学资料应全面收集。有关图书馆学、情报学资料，应有选择地收集。

（三）文献采访标准

1. 文献复本参考指标

（1）中文图书复本参考指标一般 1—3 册，流通好的图书可增加复本到 5 册。

（2）中文报纸、期刊复本数一般为 1 份；但根据需要，个别报刊可 2 份。

（3）港澳台及海外原版少年儿童文献为 1—3 册。

（4）视听资料和电子文献为 1 件，个别资料可视情况增加复本。

（5）文献复本指标应根据本馆布局、流通情况及图书内容来确定，重点文献而读者需求量大的，复本可高于参考指标数；寒暑假教委推荐的中小学阅读书目，可根据需要加大复本量，复本参考指标应根据实际情况 3~4 年修订一次。

2. 馆藏保存本文献的采访标准

为使本馆的特色文献能够长期保存和利用，应设置书库收藏保存本文献。保存本文献采访标准如下：

（1）中外名著。

（2）少年儿童先进事迹材料。

（3）适合少年儿童阅读的各学科优秀普及读物。

（4）有关少年儿童教育培养方面的书籍。

（5）地方文献。

（6）各学科检索性、参考性价值强的工具书。

（7）艺术性强的优秀连环画册、低幼读物。

（8）国家公开发行的少儿报纸系统保存。

（9）省级公开发行的少儿报刊择优保存。

（10）教育、教学及学习参考方面报刊择优保存。

（四）文献采访员职责

1. 文献采访员必须具备较高的文化水平和专业知识，必须热爱图书馆事业。文献采访员必须掌握采访方法和技能，熟悉馆藏，并能够定期深入少儿借阅部了解读者需求，掌握少年儿童的阅读心理，及时、全面掌握出版动态。必须严格执行本馆的藏书建设原则，有计划、有目的地进行藏书补充，努力提高藏书质量。

2. 文献采访工作实行馆、部门、采访员三级管理，建立严格的岗位责任制度。采访员是采访工作的具体执行者，部门主任是采访工作的审核者，主管领导是采访工作的审批者。三者职责明确，任一方均不能省略，更不能替代。每期订单采访员初选后，要经部门主任复审，报主管领导批复。

3. 文献采访员应根据经费的使用情况，遵守财经纪律。每次到馆的书刊数量和单据及往来单位账目，要做到书款相符，账目清晰，发现问题及时清查处理。

4. 文献采访员应经常注意漏卷、缺卷文献的补选工作，保证藏书不重不漏。

5. 文献采访员应及时做好社会调查、读者调查、藏书调查、出版调查。要经常与少儿借阅部进行沟通，了解读者需求，注意积累、分析文献利用情况，并根据调查研究的结果，提出改进措施，供领导参考和决策。

（五）设立文献采访委员会

1. 根据本馆的性质、职能、任务，讨论研究藏书建设的具体问题，审议（或制订）年度文献采访工作计划，确保藏书的实用性、系统性、连续性和科学性。

2. 广泛收集各种文献的出版信息，了解和掌握各种出版物的特点，加强书刊采选工作的研究，做好读者使用情况的调查研究工作。

3. 定期召开业务研讨会议，听取各部门对读者需求情况的调查汇报，研究读者需求及改进措施，为制订明年的订购计划做好准备。

4. 根据出版文献信息动态、读者需求和文献流通情况，制订临时采访计划。

（六）文献验收

1. 新购文献到馆后，由文献采访员和被指定的专人负责验收。发现与预订不符、重订、采购不当、有质量问题或不适合读者阅读的，采访员应及时与书店联系退订或者进行有关处理。

2. 未经过验收的文献，未经许可，任何人不得擅自打开包装。

3. 验收后，待加工整理的图书，任何人不得擅自借出。

二、文献加工工作规则

1. 在加工图书（光盘）过程中要认真检查其质量，如发现残破、污损、倒装、缺页、漏白、损坏等质量问题时，要及时更换。

2. 粘贴条形码，并加贴保护膜。每本书贴两条同号条形码，第一条贴在书名页的书眉中间，第二条贴在正文第 19 页书眉中间。所贴条码号连贯，不跳号、不漏号。贴条形码的位置均不影响正常阅读，尽量避免覆盖书上的图片和文字。条码为三九码，十四位。

3. 加装防盗磁条。磁条为永磁性磁条。400 页以下的书一条，400 页以上两条，磁条贴在图书的 2/5 至 4/5 处，要求靠近书脊处，张贴牢固，做到隐蔽性好，不易被读者发现。

4. 加粘 RFID 智能标签。选取标签为无源标签：符合 ISO15693、ISO18000-3 标准等，标签内部数据写入符合 ISO28560 标准。粘贴在图书的最后一页，并通过馆员工作站进行编目数据对接，实现读者自助借还的目的。

5. 盖馆藏章。每本书盖一个红色馆藏章，盖在书名页正中空白处。位置准确，印章端正、美观。盖章的位置应不影响正常阅读，尽量避免覆盖书上的图片和文字。

6. 贴书标，并加贴保护膜。一书两个与该书数据相对应的书标，字迹打印清晰。一个贴在书名页的左下角，另一个贴在书脊最下方边缘处，并都在书标处加贴保护膜。保护膜完全覆盖书标，起保护字迹不被磨损的作用。

三、文献分类标引工作规则

（一）分类标引

1. 分类标引是将文献的内容主题等某些外表特征，赋予号码标识的过程。这是建立分类检索系统的依据。

2. 一般情况下，少儿借阅部采用《中国少年儿童文献分类主题词表》和"中图法"作为分类标引工具。一种文献的分类标引深度，分类号宜控制在1~3个。

3. 分类标引必须确认文献内容，按学科内容归类。要详审题名、责任者，检阅目次，阅读序言、说明、凡例和跋，必要时涉猎全文，并参阅各种工具书。

（二）分类标引方法步骤

1. 对文献进行查重。以计算机目录及公务题名目录为依据，查明该文献是否已经标引编目。如已标引编目，则应参照原记录，将该种文献的索书号或季度控制号抄在文献题名页进行加工处理。如属新的文献，则应按下文所述标引步骤进行操作。

2. 对文献进行主题分析。即在充分了解文献内容及其科学属性、研究对象的基础上，对具有检索意义的主题进行概括与提炼。具体步骤如下：

（1）审读文献——浏览文献的题名、目次、提要、前言等，必要时还须浏览全文。通过对文献的审读、浏览，掌握文献的内容主题。

（2）提取主题概念——用精练的语词对文献的内容主题进行归纳和概括。

（3）分析主题类型、结构、学科属性，确定采用的标引方式和标引规则。

（4）依据该主题的类型、结构、学科属性，确定应采用的标引方式和标引规则。

3. 标引分类号。依据主题类型、学科属性、标引方式、规则标引，查表并给出相应的分类号码。分类号码按照《中国少年儿童文献分类主题词表》归入 696 字段，按照"中图法"归入 690 字段。

4. 标引审校——按自校、互校或专人审校、抽样审校进行。

（三）分类标引细则

1. 文献分类必须以文献内容主题的学科专业属性作为分类的主要标准，将文献纳入分类法既定的学科分类体系，按学科专业属性聚集文献，形成分类法特有的检索系统。而文献的空间、时间、民族、形式、文献类型等特征是分类的辅助标准。

2. 文献分类必须遵守分类法的系统性、等级性和次第性，即分类法上下位类之间的逻辑关系。凡能分入某下位类的文献，就一定能归入其上位类，必定带有其上位类的属性。

3. 文献分类必须贯彻专指性原则，将文献分入恰如其分的专指性类目，包括分类法中规定的仿分、复分类目。不能分入范围大于或小于文献实际内容主题的类目，在分类时除考虑该文献所反映的学科内容外，还应结合本馆的性质和任务，使文献归入对完成本馆任务最有利以及本馆读者最需要的类。

4. 当文献没有专指性类目，又无合适的上位类目可归入时，则应将文献分入与文献内容主题密切相关、相近类目，即靠类标引。靠类标引时，应在分类法靠入的类目下，以注释的形式做出记录。

5. 文献分类必须贯彻多重标引原则，从文献的不同角度给出多个分类号，为读者提供多个检索途径，以满足不同读者的需求，同时也使文献尽其所用。

6. 文献不能单凭题名、主观臆想进行分类。一般说来，题名能反映文献的内容属性，但也不是每种文献均如此，特别是科普读物和文艺作品更应注意。故一定要进行主题分析，才能达到正确标引的目的。

（四）不同类型主题文献分类标引规则

文献的主题有各种不同的类型，一般主要是：单主题和多主题、整体主题和局部主题、主要主题和次要主题等类型，不同类型的主题文献，往往采取不同的分类方法和规则。单主题、多主题文献的分类规则参照《中国少年儿童文献分类主题词表》中的有关规定进行分类。

（五）不同出版形式、编制体例文献分类规则

1. 多卷书分类规则

多卷书是以分卷、辑、册逐次或一次出版的一部完整的文献。多卷书应以整部书的整体主题内容为依据进行集中分类，当分卷、辑、册是按专题编辑并题有分题名时，应按专题内容再做分析分类、文集、论丛等著作集，如果是连续分辑刊行，并按专题汇编的，也按多卷书的分类

规则处理。

2. 丛书分类规则

丛书是按照一定的主题范围，汇集多种单独著作，并题有一个总书名的文献，包括丛刻、文库等。未注明是丛书、丛刻、文库的多种性著作，也应按丛书处理。丛书的分类主要有集中分类和分散分类两种。

（1）集中分类规则

按整套丛书内容主题的学科属性集中归类并加丛书复分号"–51"。集中分类的丛书，除少数情况以外，一般还应对每一个单独著作做分析分类，但是当整套丛书类号和单种类号为同一类号时，则不必做分析的分类。凡集中分类的丛书，应集中排架。如以下几种丛书应按集中分类规则处理。

①对于主题比较窄，内容有密切联系的丛书。

②从各方面搜集资料，以便于一门学科或一个问题的研究，分散后有失其完整性的丛书。

③一般情况下，比较著名的且有较大影响的丛书，如须集中排架处理，可以集中分类。著录时以单种书为对象进行分散著录。

（2）分散分类规则

按丛书所属单书的学科内容、性质分别归入各有关学科类目，即通常所说的分散处理的办法。对于每一种单书的学科性、专业性较强的丛书或整套的学科内容相当广泛的丛书，宜采用分散处理的方法。必要时，应给分散处理的丛书一个集中分类号，做互见分类号处理。

3. 工具书分类规则

从文献分类的角度划分，工具书可分为参考工具书、检索工具书和语言工具书三大类。各种工具书，如手册、年鉴、辞典、百科全书等，凡是综合性的，归入"综合性图书"中的有关各类，并且不必再以"总论复分表"区分；凡是专利性的，应按其内容归类，再以其形式、体裁复分。

4. 其他特殊文献分类规则

（1）凡经过改写、改编的文献，应根据改写、改编后的内容重新审定归类。如果内容改动不大，应随原书归类；如果内容改动较大，甚至改变名称的，应根据改变后的内容重新归类。在文艺作品中，从一种文体改写、改编成另一种文体的，应按改写、改编后的文体及改写、改编者的国籍和时代分类。

（2）关于著作的研究、著作简介、注释、解说、考证、评论、札记等，一般均按原著进行归类；分类表中列有专类或另有规定的，则应依分类表的规定分类。对文艺作品的研究、评论，分入文艺理论的有关类目，不随原著归类。

（3）各级各类学校的各种教材、教学计划、教学大纲、教学参考及习题、试题等方面的教育教学用书，均按学科内容分入有关各类，并依总论复分表-4有关类目复分。含两门以上的教育教学用书，属于文科的分入 C 社会科学总论类下的相应子目，如果兼收文、理科的分入 C 类相应子目。

5. 目录、索引、文摘分类规则

无论是专科性的或是综合性的，一律归入 Z88、Z89 类下，然后用组配的方法将各学科的分类号码加于本类号之后，并按分类次序排列。

6. 图片、画册分类规则

收集的图片、画册，如果是供布置宣传橱窗用，则不必分类；如果作为馆藏图片资料的，无论题材性质，则一律归入艺术类各相应子目。但内容是关于一个国家地区的，则归入地理类；属于专科的则按学科性质归类。

7. 连环画和低幼读物分类规则

连环画和低幼读物一律归入艺术类 J3 的类目下，再按其内容归入其下位类。

8. 特殊类型文献分类规则

特殊类型文献包括录音带、录像带、光盘等，对于这类文献均依《中国少年儿童文献分类主题词表》分类。对于随书赠送的光盘，其分类号和种次号均与所随图书一致，区别是在其种次号后加（2）。

（六）文学作品的区分办法

1. 长篇、中篇、短篇小说的区分

字数在 6 万字以上的作品，划归为长篇小说；平均字数在 3 万~4 万字的作品，划归为中篇小说；平均字数在 1 万字左右的作品，划归为短篇小说。

2. 人物传记和传记文学的区分

用文学笔法报道人物生平事迹的入传记文学；用真实姓名作为典型人物并有虚构的故事情节的作品入传记小说；叙述人物的传记、生平事迹或回忆录入人物传记类，按被传人组织传记目录，同一人的传记集中，取同一种次号，同一被传人不同著作再加辅助区分号"（1）　（2）……"。

3. 儿童文学和成人文学的区分

凡儿童出版社、一般出版社出版的儿童文学作家的著作以及专为儿童撰写的文学著作入儿童文学类，否则入其他文学类。

四、文献编目工作规则

为建立健全统一的文献报道、检索系统，本馆各类文献均以中华人民共和国文化行业标准《中国机读目录格式》《中国文献编目规则》为基本标准，参照《新版中国机读目录格式使用手册》进行编目。

（一）著录项目及详简级次

按照中国机读目录（CNMARC）的编目要求，著录项目应当包括头标区、编码字段、必备字段，并根据揭示文献特征的需要选用必选字段及其他可选字段，主要包括书名与责任说明项、版本项、出版发行项、载体形态项、丛书项、附注项、文献特殊细节项、标准书号与获得方式项。对入藏文献、著录采用详简级次、各著录项目、著录单元根据文献规定信息源所提供的信息、原则做到"有则必录"，内容尽量详细。

（二）著录信息源

文献著录信息源是被著录文献的本身，以题名页作为主要著录依据，以版权页作为补充参考，以封面、封底、书脊、序言、后记及其他材料作为选择参考。

（三）著录用文字

1. 著录用文字须规范化。
2. 版次，出版日期，载体形态、数量、尺寸、价格等数字，须用阿拉伯数字。

（四）其他规定

1. 为便于对一些文献资料进行统计，在分类字段696字段上，对一些特定文献加注馆统计代码。
2. 西文图书的著录规则，依据《西文文献著录条例》。

五、计算机编目格式、字段、子字段的设置标识

标识块	指示符		文字数据
头标区			无标识字段号、指示符、子字段标识符，定长 24 个字符
001			记录标识号：无指示符、子字段标识符，本字段数据为 12 个字符长
005			数据处理时间标识
010	#	#	@a ISBN @b 出版物装订标记 @d 获得方式和/或价格 @z 错误的 ISBN
100	#	#	@a 通用处理数据，定长 36 个字符
101	0～2	#	@a 正文语种 @b 中间语种 @c 原著语种
102	#	#	@a 出版或制作国 @b 出版地区代码
105	#	#	@a 专著编码数据
106	#	#	@a 文字资料代码数据——物理形态标识
200	1	#	@a 正题名 @c 其他责任者的正题名 @d 并列正题名 @e 其他题名信息 @f 第一责任说明 @g 其他责任说明 @h 分辑（册）、章节号 @i 分辑（册）、章节名 @v 卷标识 @z 并列正题名语种 @9 正题名汉语拼音
205	#	#	@a 版本说明 @b 附加版本说明
210	#	#	@a 出版、发行地 @c 出版、发行者名称 @d 出版、发行时间 @f 制作地 @g 制作者名称 @h 制作时间
215	#	#	@a 页数、卷（册）@c 图，照片等 @d 尺寸 @e 附件
225	2	#	@a 丛编题名 @e 其他题名信息 @i 附属丛编名 @v 卷标识
300	#	#	@a 一般附注，本字段中的数据可自由行文
304	#	#	@a 本字段用来记录与题名和/或责任说明有关的附注内容
305	#	#	@a 本字段包含关于在编文献此版本的附注
306	#	#	@a 本字段包含未记入 210 字段的有关出版、发行、印刷等方面的附注内容
307	#	#	@a 本字段包含未记入 215 的有关载体形态的附注内容
308	#	#	@a 本字段包含有关在编文献所属丛编的附注内容
312	#	#	@a 本字段包含有关在编文献上出现的、正题名和并列正题名以外的任何其他题名以及为人所熟知的该文献其他题名的附注内容
314	#	#	@a 本字段包含与在编文献的知识责任有关的附注内容
461			本字段用于实现对总集一级文献记录的连接
462			本字段用于实现对分集一级文献记录的连接
510	1	#	@a 并列题名 @e 其他题名信息 @z 并列题名语种

512	1	#	@a 封面题名（出现在文献封面上的，不同于 200 字段正题名的封面题名）@e 其他题名信息
516	1	#	@a 书脊题名（出现在书脊上的，不同于 200 字段正题名的书脊题名）@e 其他题名信息
517	1	#	@a 其他题名 @e 其他题名信息
600	#	0 或 1	@a 款目要素（以检索点形式出现的人名主题）@c 名称附加 @f 年代 @x 论题复分
601	0 或 1，	0～2	@a 款目要素（以检索点形式出现的团体名称）@d 会议届次 @f 会议日期 @j 形式复分 @x 论题复分 @y 地理复分 @z 年代复分
605	#	#	@a 正题名 @x 论题复分 @j 形式复分
606	0	#	@a 款目要素（用作主题标目的普通名词或名词短语）@x 论题复分 @y 地理复分 @z 年代复分 @j 形式复分
607	#	#	@a 款目要素（用作主题标目的地名）@x 论题复分 @y 地理复分 @z 年代复分 @j 形式复分
690	#	#	@a 分类号 @v 版次
610	0	#	@a 本字段包含的主题词不是取自可控主题词表
701	#	0 或 1	@a 款目要素（主要知识责任的个人名称）@c 名称附加（国别、朝代、性别、民族、职业等）@f 年代（生卒年）@4 关系词代码（责任方式）@9 款目要素汉语拼音
702	#	0 或 1	@a 款目要素（次要知识责任的个人名称）@c 名称附加（国别、朝代、性别、民族、职业等）@f 年代（生卒年）@4 关系词代码（责任方式）@9 款目要素汉语拼音
711	0	2	@a 款目要素（等同知识责任的团体名称）@4 关系词代码（责任方式）@9 款目要素汉语拼音
712	0	2	@a 款目要素（次要知识责任的团体名称）@4 关系词代码（责任方式）@9 款目要素汉语拼音
801	#	0～3	@a 国家 @b 机构 @c 处理日期

第三章
少儿读者活动

第一节 少儿读者活动的组织与管理

一、 少儿读者活动的发展理念与趋势

活动的关键要素为：动机——你要干什么；目的——你要得到什么；动作——你要怎么做。动机是原因，目的是结果，动作是实施。在活动进行中，上述三个要素有机结合，缺一不可，并由无数环节（动作）相互作用、贯穿始终，完成活动的过程。因此，活动同时也是一个系统工程。

这也为少儿读者活动提供了明确的发展理念，指明了发展趋势。

二、少儿读者活动的类型与方式

少儿读者活动是依照特定的目标，通过系列程序，对图书馆及相关的服务资源、服务内容、服务手段等进行有机的整合和调用，以达到让儿童认知图书馆、使用图书馆资源和强化服务效果的目的，是促进儿童阅读，进行社会教育和文化交流的重要途径。

1. 荐书类

荐书类活动是少儿图书馆最经典的阅读推广形式。早期主要是宣传窗和新书推荐卡片，现有海报、微博、微信等形式进行阅读推广。在荐书服务中，我们要尽可能保持中立的方式，推荐读者一致反馈的好书（如被读者借阅率高的图书）；推荐获奖图书；组织专家评选出来的优秀图书。

2. 诵读类

诵读类阅读推广是目前少儿图书馆最受欢迎、效果最好的阅读推广类型，由服务提供者主讲，针对儿童，特别是学龄前儿童。诵读类阅读推广要注意活动场地动静分区，最好配有课堂舞台和投影设备等设施，图书馆员成为管理者，吸收志愿者和专业人员提供服务。

3. 交互类

交互类阅读推广服务的对象是具有较强阅读能力的人，以青少年读者为主；活动时间一般在节假日、休息日；内容选择上为社会热点与本土文化；馆员负责策划、宣传、活动保障等。图书馆组织读书沙龙或兴趣小组，面对面交流读书体会或开展书评、作文等活动交流读者体会，对于提升读者的阅读兴趣与阅读能力有很大帮助。

4. 手工类

手工类阅读推广活动是既提高儿童动手能力，又能增长知识的活动，比较受少儿读者欢迎。图书馆负责提供文献、空间及工具。比如，创客空间不仅提供 3D 打印机，还包括各种工具，由于工具价格较贵、个人使用较少，图书馆通过提供此类工具激发公众创造力、促进阅读，充分发挥公共资源的效益。

5. 表演类

表演类阅读推广是深受儿童和家长欢迎的一类阅读推广。形式有读者诵读、绘本剧表演等，能够培养读者的阅读兴趣，加深其对读物的理解。这类阅读推广方式须处理好与阅读结合的问题。

6. 讲座、展览类

讲座和展览是图书馆阅读推广中服务人数最多的项目，同时操作可简可繁，是目前开展最普遍的阅读推广。如何提升讲座、展览的质量，如何促进阅读效果，是图书馆一直研究的课题。

三、少儿读者活动的创新与传播

1. 少儿读者活动的创新与传播由图书馆基本社会职能和使命决定

图书馆的主要职能：

(1) 采购：搜集和保存人类文化遗产的职能。

(2) 分编：社会文献信息流的整序的职能。

(3) 流通：传递文献信息的职能。

(4) 培训：开发智力与进行社会教育的职能。

(5) 休闲：满足社会成员文化欣赏娱乐消遣的职能。

上述五项职能除了保存和整序相关的两项以外，其余三项都与读者活动直接相关。

2. 图书馆服务方式的改变

图书馆服务方式正由原来的被动变为主动，由静态变为动态，由简单变为丰富多元。

3. 儿童读者的特殊性

(1) 儿童使用图书馆现状：儿童对阅读有本能而直接的渴望；儿童对图书馆的认知还处于初始阶段；儿童使用图书馆多是从众心理；儿童的阅

读素养与年龄成正比。

(2) 从身心发展的客观规律来看：儿童作为一个生存个体，正处于生长发育阶段。从生理和心理角度来说，儿童的各种能力偏低，思想意识、身体机能都无法准确地传递和表达自己的意愿，也无法用理性来约束自己的行为。

(3) 从阅读进程中的认知规律来看：从读者的角度，由于儿童的识字能力、知识结构和体系正在逐步地发展和形成，其阅读能力、文献检索能力相对较低，对文献的甄别和取舍成为难点，形成了一定的自主阅读障碍。

4. 儿童阅读活动具有一定的优势

首先，儿童群体社会关注度高；其次，儿童阅读活动便于组织和参与；最后，儿童阅读活动更容易收到实效，儿童阅读活动具有影响力大、影响面广的作用。

四、如何开展少儿读者活动

（一）基本原则

1. 为每个儿童提供参与活动的机会。
2. 适应和促进儿童身心发展。
3. 促进公共图书馆服务资源的使用。
4. 有利于儿童信息、文化、科学素养的培养和提升。
5. 注重活动的教育性、适应性、多元性和趣味性。

（二）组织原则

1. 教育性原则

信息的甄别、取舍和吸收对处于成长和学习阶段的儿童尤为重要。这些因素决定了读者活动一定要具备教育和引导的功能，要使少儿读者在图书馆能够得到不同于学校和家庭的感受，产生新的认知，训练新的能力，并成为孩子们喜爱的、受益的知识空间。

2. 适应性原则

要根据儿童生理、心理、个性、兴趣爱好及其他因素的特征来举办读者活动。有确定的目标人群，有相应的针对性方案，为不同的人群提供不同的服务，这样才能收到实效。

（1）适应儿童生长发育的阶段

年龄阶段	对应年龄	工作要点及目标	活动形式
婴幼儿	0～3岁	刺激视觉、听觉、触觉，让儿童体验图书馆空间、书本、玩具、设施设备等	讲故事、朗读、戏剧表演、图画书、玩具
学龄前儿童	4～6岁	采用画、说、看、做等形式，注重模仿、体验、重复动作等方法	创造性的活动和讲故事、乐器、歌曲、表演、亲子阅读
学龄初期儿童	7～10岁	多以自主阅读、集体阅读形式为主要活动。在活动中保持站立，积极参与	一本书一个活动类型、绘本阅读、木偶、手指游戏、乐器
少年	11～13岁	培养兴趣、学会选择、使用方法	参观、使用图书馆、读书会、朗诵会、各种兴趣小组
青少年	14～18岁	个性阅读、文献运用、趋向性阅读	参考咨询、读书俱乐部、书评、表演、竞赛、社会合作

（2）适应儿童不同的兴趣爱好

① 通过活动的环节和内容展现各科知识的概貌。

② 选择相应的环境和氛围开展活动。

③ 各科知识门类及技能都可以发展为个人兴趣爱好。

（3）适应儿童的时间节点

① 一般情况，不影响学生的正规上课时间。

② 寒假、暑假，其中暑假是开展活动的最佳时间。

③ 利用周末，开展短期的、有家长带领和参与的活动。

④ 利用节假日、传统节日开展大型爱国主义教育活动。

（4）适应儿童的整体需求

① 大小结合：大、中、小型活动穿插安排，以大型活动为亮点，中、小型活动为基础。

② 长短结合：时间周期长的系列活动与时间周期短的活动相结合。

③ 内外结合：活动地点为馆内、馆外活动相结合。图书馆员与志愿者相结合。

④ 事件性与日常性活动结合：事件性活动扩大社会影响力，日常性活动行使职能。

⑤ 劳逸结合：适应儿童身心承受能力。

（5）适应特定的儿童群体

服务对象	关注重点	对策
残障儿童	由于身体不便带来的障碍	无障碍通道，现场布置考虑地面的畅通，洗手间的扶手及专人陪护，送书上门，到福利院、聋哑学校开展活动
贫苦儿童、留守儿童	不熟悉图书馆及相关资源带来的陌生感，保护他们的好奇心和自尊心	参观图书馆，了解其功能；介绍办证、借书及参加活动的渠道和方法，让他们尽快融入；搭建平台，让他们和普通小读者建立联系，增进感情；开展送书、赠书活动；在当地建立服务流动点

3. 多元性原则

① 内容丰富：文学、艺术、科普、技术等相结合。

② 形式多样：阅读、表演、竞赛、手工、新媒体等多种形式。

③ 方法各异：讲述、示范、互动、体验、操作等方法。

④ 载体多元：书本、舞台、电脑、玩具、道具等。

4. 趣味性原则

趣味性是指某件事或物让人感到愉快并引起兴趣的特征。利用儿童熟悉的场景和环境，采用有趣的活动方式，利用道具、馆员以及志愿者的专业知识和技能，都可以增加趣味性。

（三）开展活动的流程

少儿读者活动根据活动流程分为筹备阶段、实施阶段、评鉴阶段三个阶段。

1. 筹备阶段

（1）收集信息：及时从各种媒体上关注国家政策、社会热点、时事动态，通过报纸、电台、电视、文件、人际交往、案例等渠道来收集和获取资讯，以备活动之需。

（2）市场调查：当确立一个活动主题后，要进行广泛而深入的市场调查。调查内容包括：问题涉及的深度和广度，是否适合作为儿童活动的主题，对儿童会带来什么样的影响，是否感兴趣，社会反响会怎样等方面。经过调查，才能有的放矢，主题得到确立，才能保证活动的顺利进行，以达到预期的效果。

（3）制订方案

① 目标。目标是本次活动要达到什么目的和意图。在制定目标的过

程中要注意以下几点。

a. 目标是可以达到的。在制定目标时，要适度，要切合实际，要根据当时的人力、物力、财力考虑活动能产生什么效果。

b. 目标是可度量的，不要抽象。要有具体的指标，有可操作性，同时可用来作为活动后评估的指标。

c. 制定目标要相对稳定，不可随意更改。

② **确定主题**。确定主题的过程：沟通—集中—筛选—突出。通过沟通将主办方的想法、观点陈述和显现出来。将主办方的想法集中，进行多方考量。综合考虑后，确定筛选主题。围绕确定后的主题，设计活动的形式和内容，将主题凸显出来。

③ **对象**。对象分为主体和受体。主体是组织者及主办、承办、协办单位等实施者，如演讲者、参赛人、表演者、专家、教师等。他们是活动的主要组成部分。在邀请他们参加活动的时候，要根据活动的内容和形式慎重筛选，以达到预期的效果。受体是参与者（如小读者、家长、老师及相关人员）和分享者（如社会各界）。他们是我们服务的对象和目标，最终是要让他们满意。

④ **时间**。时间是活动的日期、起止时间、进程（什么时间完成什么工作）、延期（预案）。

⑤ **地点**。在哪儿举行活动要考虑活动的性质和目的，考虑活动的规模大小，考虑安全及交通便利，考虑设备要求，考虑经费情况，考虑后备场地。

⑥ **活动程序：活动的次序**。活动本身的次序：表演、发言、颁奖内容的顺序。人员次序。活动筹备的次序：先干什么，后干什么。如安排一个讲座要确定主题，安排讲座人，安排听课人，安排场地，安排程序，主

持、音响、拍摄、宣传等。

⑦ **资源**。人员（领导来宾名单、观众名单）参加单位、人员分工安排（包括内容和时间要求）、物品（所有活动有关的物品，如道具、音响、宣传、奖品等）和财务（预算、收费、赞助、支出等）。收入包括上级拨款、单位应支、社会赞助。支出包括人头预算、嘉宾支出、来宾支出、媒体支出等。物资预算包括奖品、纪念品等。宣传预算包括制作费、广告费等。后勤预算包括场地、运输、道具、住宿、餐饮等。

⑧ **应急预案**。少儿读者活动遵循"安全第一"原则。应急预案是指为预防活动现场出现紧急的、突发的情况和事件所做的活动预案。如：安全（骚扰、暴力、消防等）、天气、场地、交通、健康（疾病、意外事故）、设备（音响、LED 屏幕）。

2. 实施阶段

在实施阶段应根据事先拟定的方案落实每一个步骤，并根据临时出现的情况及时调整计划。

（1）组织发动

联系参与的单位和个人（领导、嘉宾、读者、媒体及相关人员），将与之相对应的文件内容传递给受体对象。落实人数、时间、是否参加、交通、经费、名单、安保等。

（2）宣传推广

① 媒体宣传：必须备好新闻通稿，然后传送给媒体（报纸、广播、电台、电视、微信、微博、网站、网络自媒体等）。

② 场地宣传：制作横幅、广告牌、宣传牌等。

③ 印刷制品宣传：宣传册、宣传资料。

3. 评鉴阶段

总结活动情况：是否达到预定目标，活动中出现哪些问题，怎么改进，财务支出情况如何，是否超标，参与人员满意度等。及时获取活动参与单位或个人对活动的反馈（如心得、书评、笔记、媒体报道等），并将相关资料进行分类归档留存。

公布活动情况及出品：及时将活动总结、稿件、花絮、报道、图片、视频等在媒体上进行刊登、转载。活动信息要做到事前有预告、事中有进展报道、事后总结回顾。最后，可将活动的各种材料编辑出品，形成成果。

五、少儿读者活动的品牌化发展之路

"品牌"是通过理念、行为、视觉、听觉四方面进行标准化、规则化，使之具备特有性、价值性、长期性、认知性的一种识别系统的总称。品牌要素：内在要素是定位主题、内容、形式、载体；外在要素是识别名称、名词、符号、象征。

我们对于每一场活动的策划，都要用长远的眼光，进行周密的安排，使活动的内容和形式能够层层递进，可持续发展，让一个主题的活动在各个层面能够最大限度地发挥作用，使活动的效果具有长期和深远的影响。随着时间的推进，天长日久，活动才能形成规模、形成特色、形成品牌。我们只有遵循活动品牌化、经典化的原则，将常年开展的影响大、质量高的儿童活动以点带面地进行推广，规范运行机制，推广运营模式，才能吸引更多的少年儿童品牌活动。

第二节　少儿读者活动创新发展策略

一、少儿读者活动总体特性

图书馆应充分利用其馆藏资源丰富的特点，联合有关社会职能部门（如文、教、工、青、妇等部门）及社会团体，组织与开展少年儿童系列读书活动。通过开展形式多样的读书活动，加强公共图书馆对少年儿童阅读指导和思想道德的修养指引，广泛调动少年儿童阅读的积极性，激发少年儿童爱读书、读好书的热情，促进他们健康成长，培养一代少年儿童成为适应社会发展需要的高素质人才。

二、少儿读者活动兴趣激发

1. 完成馆内专题性读书活动，协助各部门完成阵地读书活动。

2. 与有关社会职能部门（如文、教、工、青、妇等部门）互相配合、协调，共同完成全国、省、市的少年儿童系列读书活动。

三、少儿读者活动精细化、特色化

1. 负责与有关部门配合完成少儿读书活动及读书专题系列活动。

2. 负责举办各种以少年儿童、家长和儿童工作者为对象的讲座、报告会等。

3. 负责完成节假日少年儿童读书活动，如六一儿童节、寒暑假、世界读书日等。

4. 负责开展图书馆服务宣传周活动。

5. 负责开展市级大型读书活动。

6. 与有关社会职能部门联合开展读者活动。

四、少儿读者活动的长效机制

（一）策划

1. 每项读书活动必须确定一名总指挥，由总指挥负责整个读书活动工作的统筹与协调。

2. 总指挥安排有关人员负责该项读书活动的调查、讨论和可行性研究工作，确定读书的主题与创意。

3. 按照活动的主题内容完成活动计划和经费预算的制定、上报与审批工作。

4. 活动计划与预算获得审批后，应提前 1 个月做好读书活动的制定与完善工作。

（二）组织与实施

1. 与活动相关部门协调好，提前半个月合理安排好各自工作，做到每项工作责任到人，应制定详细的工作人员安排表，并分发给各负责人。

2. 所涉及的本馆各部门必须大力发扬团结协作精神，积极配合，共同完成读书活动的各项工作任务，使读书活动得以顺利开展。

3. 争取市文化局、市教育局等上级有关职能部门的大力支持。共同组织与开展好地区性少儿读书活动，有条件的可组织承办国家和省级少儿读书活动。

4. 涉及与其他单位合作的活动须签订活动协议书，明确双方应尽的义务与职责。

5. 与活动所涉及的本馆各部门合作，协调完成场地布置，奖品购买与制作，宣传横幅、展板与展牌的制作，领导与专家的邀请与接待，媒体的邀请与接待等工作。

6. 认真做好读书书评评选表彰、媒体宣传与报道等工作。

7. 做好读书活动的总结工作，撰写好读书活动的总结报告，认真吸取经验与教训。

8. 做好读书活动相关资料的收集、整理与归档工作。

五、少儿读者活动的宣传、推广

1. 每项读书活动必须安排专人负责该次活动的新闻稿件的撰写，新闻媒体的联络、接待等工作；要求提前做好新闻稿件的撰写，及时通知相关新闻单位。

2. 宣传报道工作应充分利用广播、电视、报刊、网络等大众传播媒介，达到广泛宣传、扩大读书活动的社会影响、促进本馆及本市精神文明建设的目的，同时提升本馆的知名度。

3. 宣传报道工作采用循序渐进逐步完成的形式，在活动开始前、活动中与结束期间都应与相关新闻单位联系并做报道。

六、少儿读者活动的组织、协调、合作

1. 少儿读者活动部每年年初根据不同读者的阅读需求，提出全年读者活动计划，交业务办公室。业务办公室根据各部门提出的要求，结合文化部颁发的评估标准，策划每年全馆的读书活动计划和具体的实施方案。

2. 与采编部协作协调，根据全馆每年的读书活动计划和时间安排，配合各种宣传专题，及时提供新书推荐目录，并配备相应的新书。

3. 与网络资源服务部根据全馆每年读书计划和时间安排，配合各种宣传活动专题，及时在网上发布活动内容及相关活动。

4. 每次活动须得到办公室的大力支持与协作。

5. 与有关社会职能部门的协作协调、沟通和宣传等工作。

第三节 经典少儿读者活动案例分析

案例1 鞍山市"马良杯"少儿书画大赛活动

活动概述

一、背景

1986年5月25日，鞍山市少年儿童图书馆与鞍山市书法协会、《千山晚报》联合举办的鞍山地区首届"马良杯"少年儿童书法大赛在市第一中学图书馆举行，有122名少年儿童参加。时任市书协主席、市委宣传部副部长到会为少年儿童颁奖，书法界老前辈题字，时任评委王廷风所书为"神笔复出，马良再世"，韩兆沛所书为"雏凤清声"。新闻媒体也进行了报道，广大市民极为关注。之后每年定期举办该书法大赛，特别是2016年，将国画也纳入了比赛内容，将书法大赛发展为书画大赛，参赛人数大大增加，达到历史之最。"马良杯"少儿书画大赛薪火传继了30年，已经成为鞍山市少年儿童一项重要的传统活动。

二、缘起

20 世纪 80 年代，少年儿童的艺术教育越来越受到人们的重视。艺术教育已经成为丰富情感，培养少年儿童感受美、表现美的情趣和能力的重要方法。在学校，增加了写字课。在图画课受重视程度不够的情况下，作为学校教育的补充，让少年儿童在美育上得到发展，应该是图书馆开展此类活动的目的之一。

汉字是世界上最古老的文字之一，承载着中华文明源远流长的历史，汉字又是至今硕果仅存的一种方块表意文字，是中华民族独特智慧的体现。汉字的书写也成了专门的艺术，它将实用书写赋予技法规范和审美意义，是实用价值与艺术价值相结合的产物，体现了中华民族特有的审美习惯。在 20 世纪 80 年代，书法学习特别受到推崇，不少孩子都在课余的时间里学习，但是社会上很少有让他们展示才华的机会，所以鞍山市少儿图书馆决定举办少年儿童书法比赛，为热爱书法的孩子提供一个活动的舞台。

1986 年的比赛在社会上的良好反响使我们振奋，于是一路走了下来。2016 年新一届馆长提出把中华民族特有的国画纳入比赛内容，一方面满足了热爱绘画的孩子们的需求，另一方面对于传承中华传统文化起到良好的社会作用。

三、概述

翰墨飘香三十载，文化传承"马良杯"

中国书法绘画艺术历史悠久、博大精深，它不仅是我国民族文化遗产中一颗灿烂的明珠，也是世界艺苑中一朵独放异彩的奇葩，在世界艺术之林中占有独特地位。作为文化的传承基地，鞍山市少年儿童图书馆于1986 年举办首届"马良杯"少儿书法大赛，从书法大赛发展到书画大赛，培养了大批书法绘画爱好者，在鞍山市文化传承发展的历程中，书写了重重的一笔。

青年书法家付峣，就是通过"马良杯"与书法结缘，并在自己钟爱的书法艺术道路上执着前行；鞍山师范学院美术系主任关若冬和鞍山市天才书法学校的曾铎儿时都参加过"马良杯"少儿书法大赛，现已成为传承书画艺术的教师，接过"马良之笔"一代代传承下去。还有许多当年参赛的小选手，例如：北京师范大学物理学系博士生导师，凭借纳米技术项目获得自然科学基金优秀青年基金的我国青年科技带头人张金星；曾于德国留学的吉喆；日本早稻田留学生任翔。虽然他们现在并不从事书画行业，但从小参加"马良杯"少儿书法大赛的经历，已经将翰墨精神所带来的人文思想和精神财富，深深凝入他们骨子里，使他们在各行各业大放异彩。

在历届比赛中，参赛者多达上千人，年龄上至 18 岁，下至 4 岁。他们挥毫泼墨于宣纸间，展现出对中国传统文化的景仰和对书法艺术的挚爱。有 5 幅少儿书法作品曾两次参加中国—日本尼崎市少儿书法作品展，展现了华夏书法艺术的魅力，为鞍山市争得了荣誉。2006 年，以"马良杯"少儿书法大赛为载体，市少年儿童图书馆举办中韩（国际）书法交流展，共展出中韩两国书法作品 90 余幅。韩国友人在观看了孩子们的作品后，对中国书法界的新秀赞不绝口。

"马良杯"少儿书法大赛得到了各级领导的亲切关怀和社会各界的大力支持。时任市人大常委会副主任罗国英、关心下一代协会会长鲁森、副市长张大才、市文广局领导等先后出席赛事活动；鞍山市著名书法家王廷风、韩兆沛、王宏等分别担任过大赛评委；市书法家协会、市青教办、《千山晚报》、人民保险公司等单位积极奉献，鼎力相助。

斗转星移，"马良杯"少儿书法大赛已举办多年。2016 年新增加了绘画比赛，把"马良杯"少儿书法大赛改为"马良杯"少儿书画大赛。本届大赛无论是参赛者人数，还是征集到的作品数量，都创下了历届之最。大赛发展到今天，给人们留下的不仅仅是一幅幅让人无限追思和景仰的笔墨宝卷，也不仅仅在一撇一捺、一点一横的方寸之间凝聚起的岁月的沉淀，重要的是在潜移默化中积淀出的个人文化修养与城市文化内涵。"马良杯"少儿书画大赛已经成为一个文化符号，镌刻在每一个参加者的幼小心灵里，并且陪伴他们成长发展。在每个参赛儿童的心中，不经意间把书法珍藏入心，成为心灵世界的展现。鞍山市少儿图书馆因地制宜地把阅读推广和书法有效地融合起来，引领青少年步入"正人心"的轨道，完成了身心修养、人格完善的过程，而这也正是将"马良杯"少儿书画大赛延续下去的动力所在、魅力所在、责任所在。

我们祝愿书画艺术这一中华民族的文化瑰宝不断传承，发扬光大；我们期盼通过阅读推广和书画大赛把"勇敢、善良、勤奋、智慧"的马良精神薪火相传。

活动情况

一、服务时间

2015 年 12 月—2016 年 6 月

二、服务宗旨

以党的十八大，十八届三中、四中、五中全会精神和习近平总书记系列重要讲话精神为指导，弘扬社会主义核心价值观，传承中华优秀传统文化，增强少年儿童的民族自豪感和对民族文化的认同感，发挥书法艺术在砥砺操行、美育心灵方面的重要作用。

三、服务过程

大赛自 2015 年年底启动以来，经历了作品征集阶段（预赛）、入围赛评比阶段、现场决赛阶段、决赛评比阶段，颁奖仪式、30 年回顾展、本届获奖作品展和现场笔会五个阶段，从 2015 年年底筹备到 2016 年 5 月 28 日颁奖仪式结束，历时半年，少儿馆全体工作者共同努力，使得本届"马良杯"少儿书画大赛得到了社会各界的不断好评。

1. 作品征集阶段（预赛）

本届大赛预赛作品征集，得到了全市 50 余所中小学校、书画学校的积极响应。本届大赛共征集到书法绘画作品 2866 幅，其中硬笔书法作品 1955 幅，软笔书法作品 579 幅，国画作品 332 幅。在作品征集阶段（预赛），参赛人数、作品数量、覆盖区域三大指标均创历届赛事之最。

2. 入围赛评比阶段

2016 年 4 月 21 日下午，由鞍山书协王宏、崔玉庆，鞍钢美协成强组成的第三十届"马良杯"少儿书画大赛评委会，在鞍山市少儿图书馆对征集作品进行评选。评委们本着公平、公正的原则，对征集来的书画作品进行逐一审评，从中遴选出优秀作品入围决赛，其中国画 114 人、软笔 208 人、硬笔 482 人。

3. 现场决赛阶段

近 3000 名小选手经过初赛的激烈角逐，有 804 名小选手脱颖而出，在 5 月 14—15 日两天进行现场决赛大战。本届现场比赛规模空前宏大，少儿馆的地方有限，因此我们把两天比赛分成 5 个场次进行现场决赛，每个场次又分 3 个比赛会场。

4. 决赛评比阶段

经过紧张的现场激烈角逐，共评选出一等奖作品 31 幅，二等奖作品

60 幅，三等奖作品 86 幅，优秀奖作品 624 幅。

5. 颁奖仪式阶段

5 月 28 日，由鞍山市文化广电新闻出版局主办，鞍山市少儿图书馆承办的鞍山市第三十届"马良杯"崇廉尚俭少儿书画大赛颁奖仪式在市图书馆举行。鞍山市文化广电新闻出版局领导，鞍山市文联主席、评委专家、指导老师以及获奖选手代表参加了颁奖仪式。

颁奖仪式上，鞍山市文化广电新闻出版局党委副书记致辞。首先，他向参加颁奖仪式的领导及来宾表示热烈的欢迎，向获奖选手致以衷心的祝贺，并表示今后将继续以"马良杯"少儿书画大赛为载体，为我市少年儿童搭建展示书画艺术的平台，营造书香画意满钢城的良好文化氛围，努力促进少年儿童的健康成长。获奖选手代表、优秀指导教师代表先后发言；第十届大赛参赛选手付峣为本届大赛赠书法作品；与会领导为本届大赛评委颁发聘书，向获得优秀指导奖、突出贡献奖、优秀组织奖的教师及学校，获得一、二、三等奖及优秀奖的选手代表颁发证书、奖牌与奖杯。

仪式结束后，与会领导参观了本届获奖作品展、"马良杯"少儿书画大赛 30 年回顾展；举行了现场笔会，我市著名书画家王宏、崔玉庆、成强、苏峰讲授书画知识，传授书画技艺，并与获奖选手现场挥毫泼墨，展现书画艺术的魅力。

四、受益人数

"马良杯"少儿书画大赛创办于 1986 年，通过市少儿图书馆几代人的辛勤耕耘，历经 30 年的雕琢和打造，已成为传承与弘扬中华优秀文化的载体，广大少儿书画爱好者书画艺术交流的平台。今年大赛是历届大赛中参赛人数最多的一次，大赛覆盖鞍山全地区包括海城、台安、岫岩及鞍山市铁东、铁西、立山、千山四个城区在内的近 50 所中小学校、书画学校，

2万余名少年儿童参与。

活动方案

一、主题

每年的书画大赛都有明确的主题，总的指导思想为：内容健康向上，具有创新性，能充分反映当代少年儿童奋发向上的精神风貌，具有鲜明的时代特点和儿童特点，体现思想性和艺术性的统一。

二、项目

书法（软笔、硬笔）和国画。作品应围绕主题进行书法和绘画创作。

按年龄进行分组：少儿组（4~8周岁）、少年组（9~13周岁）、青少年组（14~18周岁）。

书法比赛时间为60分钟，绘画比赛时间为90分钟。每人限作一幅作品。

三、**活动流程**

活动分为五个阶段：作品征集阶段（初赛）；初赛评比阶段；现场决赛阶段；决赛评比阶段；颁奖仪式及获奖作品展和现场笔会五个阶段。

大赛成不成功，最关键的是有没有书画爱好者的参与，没有人来参加，何谈比赛？因此作品征集阶段（初赛），应加大对赛事的宣传，让更多的人了解"马良杯"赛事，让更多的人有热情参与到此项活动中来是办好大赛的关键。

1. 在1月制定活动方案，制作精美的大赛作品征集通知手册及图书馆活动宣传板，做好大赛前的准备工作。

2. 在寒假来临前与教育局合作把征集通知通过文件的形式发放到各个学校，让学生们在寒假着手准备参赛作品。

3. 在 2 月走访全市代表性的书画班等，多种渠道加大对大赛的宣传力度。走访幼儿园，鼓励幼儿园的小朋友也参与到此项活动来。

4. 在 3 月 1—5 日组织各书画班指导老师、学校大队辅导员及书协老师召开大赛研讨会。

5. 在 3 月 1 日—4 月 1 日全面征集作品（学校由大队辅导员统一上交到"马良杯"组委会，书画班由指导老师统一上交到"马良杯"组委会，个人作品可以由本人或家长上交到"马良杯"组委会）。在此期间，通过新闻媒体、报纸、电视台等方式加大对活动的宣传力度，同时宣介我馆，最大限度地扩大知名度。

6. 在作品征集时，严格做好作品的登记，在作品背面一定要用铅笔标注好姓名、年龄、学校和联系方式。

注：在作品征集时，同一项目的，一人只允许上交一幅作品。

征集通知

为贯彻落实习近平总书记在全国文艺座谈会上的讲话精神，继承与弘扬中华民族传统文化的精髓，把廉洁、节俭的理念深深地根植于广大少年儿童心中，引导他们树立正确的世界观、人生观、价值观，鞍山市少年儿童图书馆将举办第三十届"马良杯"崇廉尚俭主题少儿书画大赛，相关事宜通知如下：

一、主承办单位

主办单位：鞍山市文化广电新闻出版局

承办单位：鞍山市少年儿童图书馆

二、参赛对象

全市少年儿童，分为少儿组（5~8 岁）、少年组（9~13 岁）、青少年组（14~18 岁）。

三、作品尺幅及要求

1. 作品分为书法（硬笔、软笔）和国画，尺寸不限，无须装裱。

2. 围绕"崇廉尚俭"主题进行书法和绘画创作。

3. 篆书、草书请附释文。

4. 在作品背面右下角以铅笔注明参赛者姓名、年龄、学校、指导教师及联系方式。

四、评审及奖项

1. 本次大赛不收取参赛费、评审费，由我市知名书法家组成评委会，本着公开、公平、公正的宗旨，对作品进行评选。

2. 本次大赛设一等奖、二等奖、三等奖、优秀奖、优秀指导奖及集体组织奖六个奖项。

3. 获奖作品将择优进行展览。

五、赛事安排

1. 作品征集（预赛）

时间：自发布之日起至 4 月 12 日

地点：鞍山市少年儿童图书馆技术辅导部

联系人：李艳

联系电话：××××-×××××××，××××××××××

2. 决赛：5 月 14 日（周六）8：30—11：30，在鞍山市少年儿童图书馆举行现场比赛。

3. 颁奖：5 月 28 日上午 9：00 在鞍山市少年儿童图书馆举行，并举行由我市著名书法家与获奖选手参加的现场笔会。

注：对所征集的作品由"马良杯"少儿书画大赛组委会进行评选，遴选优秀作品进入决赛，并进行表彰。

六、温馨提示

所有参赛作品概不退稿，作品的所有权、出版权等归属大赛组委会。凡参赛者均视为承认并遵守通知的各项约定。

鞍山市第三十届"马良杯"少儿书画大赛组委会

2016 年 3 月 1 日

作品征集统计表

单位：人

单位名称	硬笔书法			软笔书法			国画			备注
	少儿组 5~8岁	少年组 9~13岁	青少年组 14~18岁	少儿组 5~8岁	少年组 9~13岁	青少年组 14~18岁	少儿组 5~8岁	少年组 9~13岁	青少年组 14~18岁	
丁玲书法班	3	19	2							
天才书法班				18	21	1				
太平小学					4					
赵向辉书法学校	13	10		6（作品10幅）	9					
宁远镇小学中心校（经济开发区文化教育体育局）					6			4		
天新幼儿园								8		
前沙河小学	1	3			1		1	8		
腾鳌新成实验学校		2	3		2	4				
馨文书法教育	9	18		1	4					
合计	592	1342	21	168	397	14	142	181	9	
入围名单	165	303	14	72	115	21	37	71	6	

比赛规则

一、参赛者须持"参赛证"，在赛前 20 分钟进入比赛场地，并按规定位置就座。迟到 30 分钟视为自动放弃比赛。

二、参赛者进行现场书写和绘画创作，内容不限。若非现场原创作品，取消其参赛资格。

三、软笔书法作品尺寸、字数不限；硬笔书法为 A4 版作品纸，横竖版、字数不限，要求使用规范的简繁体汉字；为了保持创作作品的完整性，作品可落款。

四、请参赛者自备书画具、纸张。

五、请在作品背面右下角用铅笔注明姓名、年龄、学校及联系电话。

六、比赛时间为 60 分钟。参赛者提前完成创作的，把作品放在桌面，安静在座位上等候，统一由工作人员组织有序离开赛场。

工作进度及责任分工表

序号	时间	地点	工作内容	具体要求	负责人	备注
1	5月5—6日（周四、周五）	辅导部	发放"参赛证"	5月6日前,将"参赛证"全部发放至参赛学校及书法班	辅导部全体	
2	5月9—10日（周一、周二）	馆内影视厅、阅览室、大厅（电梯口）	赛场桌子组装	1.5月10日前,将比赛用的29张桌组装完毕 2.组装数量:影视厅6张（2米×0.9米）;阅览室16张（2米×0.9米）;大厅（电梯口）7张（2米×0.9米）	张东、段磊 张帆、于久石 朱福才、李芳千 崔岩	
3	5月13日下午（周五）		租借凳子	251把凳子租借到馆	李艳	
4	5月5—12日（周五—周四）		赛场背景喷图、指示牌等制作	5月12日前,全部制作完毕	翟艳会	
5	5月13日（周五）	本馆影视厅、阅览室、大厅（电梯口）	赛场布置	1.按参赛人数将桌椅摆放整齐 2.张贴赛场标志、指示牌 3.上午11:00前布置完毕	组委会全体人员	
6	5月13日（周五）		照相、摄像工作（两组工作人员）	1.联系师范学院关若冬老师,安排5月14—15日的摄像及照相人员 2.技术部负责照相及摄像	翟艳会联系关老师安排照相、摄像人员（一组）;陈晓芳摄像,路毓竹照相（二组）	
7	5月13日（周五）		联系评委	给王宏、成强、崔玉庆三位评委打电话,邀请他们于5月16日（周一）9:00到馆评审作品	翟艳会	
8	5月13日（周五）（13:00）	辅导部	赛前动员会	1.张东馆长讲话 2.卞树棠副馆长安排部署工作	李艳	

9	5月14日（周六）（8:30—8:55）（10:00—10:25）（12:30—12:55）	本馆	参赛选手组织工作	1.在一楼正门统一组织参赛选手 2.选手接送：各赛场留1名工作人员安排参赛选手的座位，其余人员到一楼正门接送参赛选手 3.六楼电梯口及六楼安全通道大门监管工作	李艳、官曼、赵威、崔岩、李芳千、李琳、柳丹、马媛在一楼正门组织参赛选手	官曼、崔岩为组长，官曼负责组织参赛选手，崔岩负责管理家长
					曲江宁、王洪新、邢飞、翟艳会接送选手	
					仲立宏、谢芳、张振振、张鹤曦在赛场安置选手 明月、李娜负责六楼电梯口（比赛全程）	
					申星、陈双负责六楼安全通道大门（比赛全程）	
10	5月14日（周六）	本馆	为参赛选手准备用水	1. 8:30、9:30及13:00，将本馆影视厅、阅览室及大厅（电梯口）三个赛场的水桶盛满水，并放到指定位置 2.14:00比赛结束后，将水桶清洗并收藏	朱福才：大厅（电梯口）张 帆：阅览室 于久石：影视厅	
11	5月14日（周六）（9:00—10:00）（10:30—11:30）（13:00—14:00）	本馆	现场决赛监考工作	负责赛场考生监管、作品收集工作	影视厅　曲江宁 仲立宏	曲江宁、王洪新、翟艳会为组长
					阅览室　王洪新、邢飞 谢芳、张振振	
					大厅（电梯口）　翟艳会 张鹤曦	
12	5月14日（周六）（14:00—15:30）	本馆	赛场清理及布置	清理卫生；按照5月14日硬笔书法参赛人数要求，增加凳子数量	组委会全体人员	
13	5月15日（周日）（8:30—8:55）（12:30—12:55）	本馆	参赛选手组织工作	1.在一楼正门统一组织参赛选手 2.选手接送：各赛场留1名工作人员安排参赛选手的座位，其余人员到一楼正门接送参赛选手 3.六楼电梯口及六楼安全通道大门监管工作	李艳、官曼、赵威、崔岩、李芳千、李琳在一楼正门组织参赛选手	官曼、崔岩为组长，官曼负责组织参赛选手，崔岩负责管理家长
					曲江宁、王洪新、邢飞、翟艳会接送选手	
					仲立宏、谢芳、张振振、张鹤曦在赛场安置选手 明月、李娜负责六楼电梯口（比赛全程）	
					申星、陈双负责六楼安全通道大门（比赛全程）	
14	5月15日（周日）（9:00—10:00）（13:00—14:00）	本馆	现场决赛监考工作	1.负责赛场考生监管 2.作品收集工作	影视厅　曲江宁、仲立宏	曲江宁、王洪新、翟艳会为组长

15	5月15日 （周日） （14:10—14:30）	本馆	赛场清理	影视厅、大厅（电梯口）桌子拆除，阅览室桌子保留	组委会全体人员及我馆所有男同志	
16	5月16日 （周一）	本馆	决赛作品评选	1. 迎接、陪同三位评委工作	于海书记	
				2. 办公室负责水果及茶水工作，8:30 准备完毕	陈 双	
				3. 9:00 开始，由三位评委依次对软笔、硬笔及国画作品进行评选，组委会全体人员协助	硬笔评委服务：李艳、赵威 软笔评委服务：王洪新、曲江宁 国画评委服务：翟艳会、张鹤曦	
				4. 照相、摄像工作（两组工作人员）	翟艳会联系关老师安排照相、摄像人员（一组）；陈晓芳摄像，路毓竹照相（二组）	
17	5月17日 （周二）	辅导部	整理获奖选手名单		李 艳	
18	5月18日 （周三）	辅导部	订制奖杯及证书		翟艳会 曲江宁	
后勤保障组		组长：姚庆华　　　　成员：朱福才、段　磊、于久石、张　帆				

要求：

1. 时间：早上 8：00，中午 12：00 各部门人员按照分工准时到岗。

2. 着装：白衬衫、深色裤子。

3. 办公室统一订午餐。

鞍山市少年儿童图书馆

2016 年 5 月 5 日

参赛选手人数安排

时　间	组　别	比赛地点	参赛人数（人）	负责人	备　注
5月14日 9:00	软笔少年	影视厅	18	曲江宁(组长)　仲立宏	少年组
		阅览室	84	王洪新(组长)　邢飞 谢　芳　　张振振	
		大厅	20	翟艳会(组长)　张鹤曦	
5月14日 10:30	软笔少儿 软笔少年	影视厅	13	曲江宁(组长)　仲立宏	少年组
		阅览室	72	王洪新(组长)　邢飞 谢　芳　　张振振	少儿组
5月14日 13:00	国画	影视厅	18	曲江宁(组长)　仲立宏	少儿组
		阅览室	77	王洪新(组长)　邢　飞 谢　芳　　张振振	少年组 青少年组
		大厅	19	翟艳会(组长)　张鹤曦	少儿组
5月15日 9:00	硬笔少年	影视厅	36	曲江宁(组长)　仲立宏	少年组
		阅览室	167	王洪新(组长)　邢　飞 谢　芳　　张振振	
		大厅	42	翟艳会(组长)　张鹤曦	
5月15日 13:00	硬笔少年 硬笔青少年	影视厅	33	曲江宁(组长)　仲立宏	青少年组 少年组
		阅览室	165	王洪新(组长)　邢　飞 谢　芳　　张振振	少儿组

主办单位：
协办单位：

◎图标设计

◎"工作证"式样

奖项设置明细表

单位：人

	硬　笔			软　笔			国　画			合计
	少儿	少年	青少年	少儿	少年	青少年	少儿	少年	青少年	
一等奖人数	5	10	1	3	5	1	2	3	1	31
二等奖人数	10	20	2	6	10	2	4	6	2	62
三等奖人数	15	30	3	9	15	3	6	9	3	93
优秀奖	一、二、三等奖之外均为优秀奖									

◎收藏证书

◎获奖证书

◎优秀组织奖奖牌

◎一等奖奖杯

◎优秀选手奖证书正反面

◎优秀指导教师奖证书

◎突出贡献奖证书

◎一、二、三等奖证书

颁奖仪式工作进度安排表

序号	时　间	地　点	工作内容	具体要求	负责人	备注
1	5月16日	阅览室	决赛评比	5月16日由评委会专家评出一等奖作品31幅，二等奖作品60幅，三等奖作品86幅，优秀奖作品624幅	辅导部全体	
2	5月17日	辅导部	获奖作品全部录入	要求获奖作品全部录入完毕	辅导部全体	
3	5月18—25日		奖杯、奖牌、证书订购制作	1. 奖杯、奖牌、证书的设计制作 2. 证书印章的制作	翟艳会赵　威王洪新	
4	5月18—23日		专题片制作	专题片拍摄及制作 购买放专题片设备	翟艳会张鹤曦	
5	5月18—25日		展览工作	1. 获奖作品（软笔、硬笔、国画）及历届作品的装裱 2. 回顾展展览照片喷绘	翟艳慧	
6	5月19—25日		活动手册的制作、签到台所有用具的准备	活动手册设计 活动手册内容及定稿 签到簿，笔、墨、纸、砚的准备	翟艳会卞树棠李　艳翟艳会张鹤曦	
7	5月20—24日		通知到会人员	优秀小选手代表（一等奖） 优秀指导老师代表 优秀组织奖、突出贡献奖代表 发言小选手 发言指导老师代表 往届小选手代表（付峣）	王洪新曲江宁	
8	5月20—23日		会场布置材料准备	1. 青藤、地毯、主席台喷绘、天幕喷绘，以及指示牌、遮阳网等会场装饰材料的准备 2. 天井门布置（孔子像后）	翟艳慧	
9	5月23日	图书馆一楼天井	展板安装	搬两个桌子试展	张东馆长、朱福才、段磊、于久石	
10	5月24—26日		舞台搭建及音响	会场中舞台的搭建 音响的设置及背景音乐内容	张东馆长及少儿馆全体男馆员	
11	5月24—26日		会场布置	展览区的布置 笔会区的布置	张东馆长组委会全体人员	
12	5月27日		展品布置	布置展品并标注序号 将展品按照标注的序号整理好待用	张东馆长组委会全体人员	
13	5月28日上午5:30		展品布展	1. 按照27日布展方案准确布展 2. 上午9:00前完成全部工作	全体馆员	

颁奖仪式现场责任分工表

序号	地点	工作内容	具体要求	责任人	备注
1	图书馆一楼大厅及会场	领导及嘉宾引导工作	1. 在图书馆一楼大厅将领导及嘉宾引领到签到处签到并引领至会场休息区 2. 领导及嘉宾退场时通知馆领导	姚庆华 官 曼	
2		获奖小选手及家长的组织	组织安排到场小选手及家长到指定位置	赵 威 曲江宁	
3		组织奖及获奖教师代表的组织	组织安排到场的教师代表到指定位置	李 艳	
4	签到区（天井门右手边）	领导及嘉宾签到	1. 在领导及嘉宾到场前做好准备工作 2. 配合到场领导及嘉宾签到 3. 签到工作结束后做好签到簿及工具的保管工作	王洪新 张鹤曦	
5	休息区	领导及嘉宾的服务工作	服务工作（茶水） 领导及嘉宾之间的介绍	姚庆华 官 曼	
6	舞台区	领导及嘉宾上台的引领	引领领导及嘉宾上台、下台顺序及路线	姚庆华 官 曼	
7		上台讲话人员的引领	获奖小选手讲话 优秀指导老师讲话 往届参赛选手（付峣）上台赠字 领奖人员上台、下台顺序及路线的组织	卞树棠 李 艳	
8		礼仪	颁奖时证书及奖杯的传递	邢飞、陈双、柳丹、仲立宏、马媛	
9	笔会区	小选手现场创作及作品的收集	1. 协助小选手进行现场创作 2. 收集保管小选手作品	赵 威 曲江宁	
10		专家及嘉宾现场创作及作品的收集	协助专家及嘉宾进行现场创作 收集保管专家及嘉宾的作品	翟艳会 王洪新 张鹤曦	
11	展览区	回顾展展品的安保	保证展品不丢失，及时整理、回收		责任人待定

12		新闻媒体的接待工作	新闻媒体的接待及材料提供	李　艳	
13	饮水处	（馆长安排）	1.3～4桶饮用水及压水泵的准备 2.准备一次性纸杯 3.用于装使用过的纸杯的垃圾桶的准备	朱福才 张　帆	
14		会务及后勤保障		办公室	
15		照相及摄像工作	关老师全程照相、摄像	翟艳会	
			馆内照相、摄像	技术部	
16		保安	1.统一着保安制服 2.两个门口各一名保安维持秩序	张师傅 周师傅	
17			卫生间等指示牌的制作	官　曼	

相关物料

◎嘉宾邀请函

◎活动指引牌

前言

三十年，从一九八六年的那个夏天开始，"马良杯"少儿书画大赛迤逦而来，在鞍山文化发展和传承过程中，留下重重的一笔印迹。

"品字先神韵，识画重性情"，在国人的人文情结中，书画之美，有着提升自身素养与传承文化的双重效应。这是传统的文化艺术，它博大精深，魅力无穷，能使学习者在承转起合、飘逸灵动的线条世界里，感知生命的律动轨迹，实现自我的发现提升。于是，这三十年来，我们不知道有多少孩童少年通过书画大赛窥见那一抹书画之美，

但是，我们可以肯定的是，通过书画所浸透出来的文化传承会一直延续下去，融入我们的文化血脉之中。这也是我们这个三十年回顾展所彰显的价值和意义。

本次回顾展，展出历届"马良杯"少儿书画大赛的获奖作品三十幅，这些看似简单、甚至还可能略显稚嫩的书法作品，蕴涵着孩子们热爱生活、热爱生命、热爱和平，憧憬未来，追求美好的文化情怀；同时，回顾展上还展出了王廷风等书法名家的题词；此外，代表着老一辈艺术家们的殷殷期许，回顾展上还有很多三十年来的大赛花絮照片，更是把我们带回到那些年华掠过的美好记忆中。

愿这届少儿书画大赛三十年回顾展能够让每一个前来的人，都能够体会到书画之美的真谛，绽放出会心的笑容。

丹青吐秀，翰墨飘香。

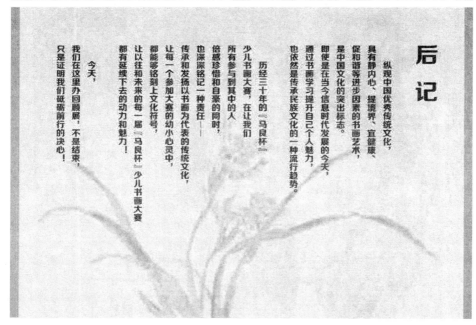

后记

纵观中国优秀传统文化，具有静内心、提境界、宜健康、促和谐等进步因素的书画艺术，是中国文化的突出标志。即使是在当今信息时代发展的今天，通过书画学习提升自己个人魅力，也依然是传承民族文化的一种流行趋势。

历经三十年的"马良杯"少儿书画大赛，在让我们所有参与到其中的人传承和发扬以书画为代表的传统文化，让每一个参加大赛的幼小心灵中，都能够铭刻上文化符号，倍感珍惜和自豪的同时，也深深铭记一种责任——以往和未来的每一届"马良杯"少儿书画大赛都有延续下去的动力和魅力！

今天，我们在这里办回顾展，不是结束，只是证明我们砥砺前行的决心！

◎活动宣传册"前言""后记"

活动照片

活动时间：2016 年 5 月 14 日上午

活动地点：鞍山市少儿图书馆

活动内容：鞍山市第三十届"马良杯"少儿书画大赛

5 月 14 日上午软笔书法决赛现场

活动时间：2016 年 5 月 14 日上午

活动地点：鞍山市少儿图书馆

活动内容：鞍山市第三十届"马良杯"少儿书画大赛
　　　　　5 月 14 日上午软笔书法决赛现场

活动时间：2016 年 5 月 14 日下午

活动地点：鞍山市少儿图书馆

活动内容：鞍山市第三十届"马良杯"少儿书画大赛

5 月 14 日下午国画决赛现场

活动时间：2016 年 5 月 15 日上午

活动地点：鞍山市少儿图书馆

活动内容：鞍山市第三十届"马良杯"少儿书画大赛
5 月 15 日上午硬笔书法决赛现场

活动时间：2016 年 5 月 15 日下午

活动地点：鞍山市少儿图书馆

活动内容：鞍山市第三十届"马良杯"少儿书画大赛
5 月 15 日下午硬笔书法组少儿组决赛现场

活动时间：2016 年 5 月 16 日

活动地点：鞍山市少儿图书馆

活动内容：鞍山市第三十届"马良杯"少儿书画大赛
决赛评审现场

活动时间：2016 年 5 月 27 日

活动地点：鞍山市少儿图书馆天井

活动内容：鞍山市第三十届"马良杯"崇廉尚俭少儿书画大赛
布置颁奖仪式现场

案例 2　鞍山市图书馆"童心入画"绘本课堂

活动概述

一、活动缘起

绘本是通过绘图描述故事的少儿读物，其"以图为主、以文为辅"的特点，为儿童的阅读过程赋予了无限遐想空间，是儿童阅读启蒙阶段的重要媒介。"打开绘本，看见世界"，一本新奇有趣的绘本能把小朋友带入一个又一个快乐而神奇的世界。曹文轩曾说："绘本是离哲学最近的一个门类，它是孩子的启蒙哲学。"绘本可以打开儿童的想象世界，开启他们独立的思想；绘本也能唤醒大人心中渐渐沉睡的童心和思考。

鞍山市图书馆近一年大量购买绘本，深受读者喜欢。广大读者对于绘本的阅读需求日益增加，所以建一个绘本馆为读者敞开了一个通向绘本阅读的大门，使他们在绘本这个缤纷的世界中可以尽情享受阅读的乐趣。

2019 年，鞍山市图书馆经过一年的闭馆改造，改变的不仅是图书馆的外观和内部构造，还有图书馆的服务内容。在原鞍山市少年儿童图书馆阅览部业务服务的基础上，重点打造了绘本阅读互动区域，总共陈列 1 万余册全新精品绘本。少儿阅览部立足于围绕绘本这一有利资源开展绘本阅读推广活动，在少儿阅览区特别建一个绘本影音活动专区，上课配套设施一应俱全。2019 年 7 月 1 日，图书馆开馆日当天，"童心入画"绘本课堂也同时开课。绘本课堂活动，通过教师引领小读者共同"听""讲""读""画"绘本故事。

二、概况

"童"是目标人群；"童心"既是目标人群特征，又是绘本的基础方法；"入画"则体现绘本特色，同时是绘本课堂的终极目的——让孩子的生活也能入画，故活动取名"童心入画"。

1. 注重品牌活动的引导作用

儿童阅读空间各异，服务功能不同。在空间服务的推广上，品牌活动的引领作用不容小觑。图书馆的少儿持证读者群不小，绘本阅读需求颇大。鞍山市图书馆以绘本馆为依托，开创了"童心入画"绘本课堂，通过这一品牌活动的引领，让少儿读者感受绘本的魅力，增进了亲子间的互动，培养了儿童良好的阅读兴趣。

2. "上承文化，下接童心"活动丰富多彩

活动围绕不同的绘本故事主题，把绘本做成 PowerPoint 模式，结合影音设备由教师给孩子授课。活动形式多样，生动有趣，孩子根据故事里的情节现场创作绘画作品，活动不仅使孩子爱上读绘本书，也爱上了画画。活动坚持推出"上承文化，下接童心"的优秀作品，用多种形式让孩子了解、亲近中国传统文化。例如，"童心入画"绘本课堂第 12 期《丹尼尔找到一首诗》，活动特别邀请国家级非物质文化遗产项目岫岩东北大鼓传承人刘兰芳弟子唐鑫与我馆马媛老师一同授课。活动中，马媛老师给小读者讲解了绘本《丹尼尔找到一首诗》，唐鑫老师给小读者讲解了东北大鼓的由来和组成部分，并用东北大鼓四大口、澄清板、流水板三种经典唱腔给小读者唱出了绘本故事里的诗，引领小读者在东北大鼓的韵味中感受中华传统文化的多姿多彩与博大精深。活动通过绘本故事《丹尼尔找到一首诗》与东北大鼓的完美结合，让小读者感受中国传统文化的魅力。

3. 不断创新，活动生机勃勃

2020 年，鞍山市图书馆绘本课堂活动又开创了"月亮船"有声绘本课堂。通过该课堂，小读者可以在家听绘本故事。同时有声绘本课堂在馆员老师为小读者读绘本的基础上大力增加文化志愿者元素，招募大批小读者及热心家长参与到绘本阅读活动中来，让父母与孩子同时获得更多的阅读乐趣和成就感。

第一期 《图书馆狮子》

图书馆狮子

文／米歇尔·努森 图文·霍克斯 译／胡遯芬

活动时间：2019 年 7 月 1 日 9：30—10：30

报名时间：6 月 20 日开始报名，额满为止

报名方式：电话××××–×××××××

活动地点：四楼少儿阅览影音区

参加人员：限 3~9 岁小读者 15 人及家长（共 15 组家庭）

活动介绍：

绘本界最著名的一头狮子——《图书馆狮子》，这是一本关于图书馆的绘本。

有一天，图书馆来了一头大狮子，大家吓了一跳，幸好狮子很守规矩，不吵不闹。孩子们很喜欢他，觉得他是馆内最舒服的靠垫。有一天，发生了一件事，安静的狮子不顾一切地大吼起来……迷人的故事搭配生动活泼的图画，令小朋友们爱不释手。小朋友们，让我们 7 月 1 日与媛媛老师在绘本课堂一起看看究竟发生了什么。

活动总结：

少儿阅览部精心推出的"童心如画"绘本课堂活动在开馆当日开课了。由媛媛老师为鞍钢第十幼儿园 77 名小朋友带来的第一节课《图书馆狮子》引人入胜，很能吸引小朋友的兴趣，让小朋友感同身受明白了如何做一名合格图书馆小读者。在活动中为小朋友发放了卡通铅笔、笔记本等 77 份小礼物。

绘本课堂活动，通过教师引领小读者共同"听""讲""读""画"绘本故事，加深对绘本的理解，感受绘本的魅力。这种创新的阅读推广形式得到了小朋友的喜欢。

第二期 《七彩星空》

活动时间：2019 年 7 月 27 日 9：30—10：30

报名时间：7 月 17 日开始报名，额满为止

报名方式：电话××××-×××××××

活动地点：四楼少儿阅览影音区

参加人员：限 6~10 岁小读者 15 人及家长（共 15 组家庭）

活动介绍：

小朋友们，你们说天上的星星都是一种颜色吗？哈哈，不是的，天上的星星其实有很多种颜色。这天，小红马和小黑牛就为这事儿争了起来。

小黑牛说："天上的星星明明看起来都是白色的，怎么会是各种颜色的呢？"

小红马说："不对，天上的恒星应该是五颜六色的，我在一本书上看到过。"

小朋友们，究竟是小黑牛是对的，还是小红马是对的呢？让我们 7 月 27 日与绘本课堂一起看看究竟发生了什么。

第五期 《小黑鱼》

活动时间：2019 年 9 月 14 日 9：30—10：30

报名时间：9 月 10 日开始报名，额满为止

报名方式：电话××××-×××××××

活动地点：图书馆四楼影音活动区

参加人员：3~9 岁少年儿童 30 人

作者简介：

李欧·李奥尼，1910 年 5 月出生于荷兰阿姆斯特丹，父亲是比利时

犹太商人，母亲是女高音歌唱家。因家在美术馆附近，舅舅们又是建筑师、画家和艺术品收藏家，所以他从小就得以浸润在浓郁的艺术氛围之中。13岁起，他随家人辗转美国、意大利。1935年，获得经济学博士学位。1945年，欧洲掀起反犹太浪潮，他们被迫举家走避美国。

李奥尼是一个才华横溢、不受拘束的艺术天才，绘画、雕刻、平面设计、印刷、陶艺、摄影……样样精通，曾任美国《财富》杂志设计主管长达10年。其间，他多次在欧洲和美国举办个人画展、设计展，并曾担任美国平面造型艺术学会主席、1953年度国际设计大会主席。1955年，获美国平面造型艺术协会最佳广告制作美术指导奖；1956年，获建筑联盟金牌奖。1984年，获颁美国平面造型艺术学会奖时，他受到这样的评价：他通过自己的艺术创作、设计创作，对设计领域的领导和人才培养，以及通过为孩子们创作绘本，深深地影响了至少三代人。人文主义和理性主义自始至终贯穿在他的作品中。

尽管李奥尼开始创作绘本时已经49岁，他却开创了一个绘本的新时代。《纽约时报》曾不惜溢美之词给予他这样的评价："如果绘本是我们这个时代一种新的视觉艺术，李欧·李奥尼则是这种风格的大家。"他的绘本获奖无数，其中《一寸虫》《小黑鱼》《田鼠阿佛》《亚历山大和发条老鼠》分别于1961年、1964年、1968年及1970年四次荣获美国凯迪克大奖。1999年10月，这位被誉为"色彩魔术师"的绘本大师在意大利与世长辞，享年89岁。

内容简介：

在大海的深处，住着一群小鱼，他们都是红色的，只有一条是黑色的。有一天，这群小红鱼都被可怕的大鱼一口吃掉了，只有小黑鱼逃走了。他孤身一人在海里游荡，心里害怕又悲伤，后来他遇到了很多稀奇古怪的生命，又高兴起来。小黑鱼又遇到一群躲在礁石后的小红鱼，为了生存，不再躲避，他想出来一个好办法，教他们游成一支超级大红鱼的样子，而自己来当眼睛！就这样，他们在清凉的早晨游，在明媚的中午游，把大鱼都吓跑了……

活动总结：

中秋佳节期间，市图书馆活动丰富多彩，深受小朋友和家长喜欢的绘本课堂活动在 9 月 14 日上午 9：30 与小朋友如期而约！

本期由媛媛老师带来的绘本故事《小黑鱼》是著名绘本大师李欧·李奥尼的代表作，这是一部教孩子学会勇敢、独立面对困难，与他人合作的绘本。上午活动时间还没到，30 多位小朋友就坐满了绘本教室。开课啦，老师配合着屏幕上的绘本插图，给小朋友绘声绘色地读绘本，小朋友边听、边看、边思考，感受着绘本故事里的角色和情节。听完绘本故事，小朋友开始现场作画，刚才听故事安静的局面一下子就热闹起来。看着小朋友快乐的样子，一位家长高兴地对工作人员说："绘本课堂活动真是太好啦，老师讲得生动有趣，孩子被深深吸引，听得很认真，听完故事画出的画真是可爱，孩子悄悄地问我下回讲什么绘本，还要报名参加，哈哈！他爱上了读绘本书，爱上了画画！"

"童心入画"绘本课堂活动受到家长和孩子的肯定，我们一定再接再厉，越办越好！

第六期 《点》

活动时间：2019 年 9 月 28 日 9：30—10：30

报名时间：9 月 24 日开始报名，额满为止

活动地点：四楼少儿阅览活动区

活动道具：每个小朋友带 2~3 个圆形物体或食物

报名方式：电话××××–×××××××

参加人员：限 4~10 岁少年儿童 30 人

活动介绍：

"那就随便画一笔，看看能画出什么。"

瓦士缇的老师请她随意地表达自己。但是瓦士缇不会画画——她不是艺术家。为了证明这一点，她在一张空白的图画纸上戳了一个极其普通又充满愤怒的点。

"完了！"就是这个小小的点让瓦士缇开始了充满惊喜的自我发现之旅。这个精妙寓言式的小小的点是彼德·雷诺兹激发我们所有人创造力的起点，这个小小的点就标志着开始……

小朋友们，让我们9月28日与图书馆文化志愿者吕杨老师一起感受《点》这个有趣的绘本故事吧！

活动总结：向中华人民共和国成立 70 周年献礼——"童心入画"绘本课堂之《点》

2019 年 9 月 28 日，在中华人民共和国成立 70 周年来临之际，"童心入画"绘本课堂活动在图书馆四楼少儿活动区开展。本次活动是由有着丰富绘本阅读推广经验的志愿者吕杨老师与小朋友分享著名童书作家、插画家彼德·雷诺兹的绘本故事《点》。

吕杨老师主张，阅读真正的过程应是"观察—理解—感受—理解—分析—表达"，文字只是"观察"和"表达"环节的辅助工具。我们的大脑在阅读过程中，其运转还要有画面、声音甚至味道的参与，这就是有些绘本根本没有文字，而孩子还爱读的原因。课上，老师围绕《点》的故事主线给小朋友讲读并演示绘本故事，在绘画的环节中老师给予孩子们温暖的鼓励和真诚的赞美，让他们画出一个个小小的"点"来表达感受，引发他们的好奇心和思考。此次别开生面的绘本课堂受到家长的好评和孩子们的喜欢。

童年的世界是多彩的，孩子的想象是无限的。鞍山市图书馆定期开展的"童心入画"绘本课堂活动，在寓教于乐中发挥全民阅读推广作用，让孩子们在绘本世界中努力创新，不断成长。

第九期 《一万只鳄鱼》

活动主题：绘本课堂《一万只鳄鱼》

活动时间：2019 年 11 月 9 日（周六）9：30—10：30

活动地点：鞍山市图书馆四楼影音活动区

活动对象：4~9 岁少年儿童 30 名

报名时间：11 月 5 日开始报名，额满为止

报名方式：电话××××-×××××××

作者简介：

作者刘朱瞳，西安美术学院毕业，现生活在西安。对有故事性的插图情有独钟，主要作品有林良童诗画集《蜗牛的风景》、圣野诗画集《小河起过小平原》、张秋生诗画集《小乌龟送快递》、绘本《穿靴子的公鸡》《没有脚才能走到的地方》、张乐平绘本奖获奖绘本《高个子蛇》等。

内容简介：

《一万只鳄鱼》描绘一只猴子落入了鳄鱼王的领地，凭借自己的聪明勇敢，让鳄鱼王呼唤来成千上万只鳄鱼，为自己在海面搭建了一座浮桥，从而死里逃生，重返陆地。故事简单有趣，蕴含着对小读者的教育意义。这是一个典型的体现聪明才智的故事，正面表现猴子因勇敢机智而脱险，也从侧面讽刺鳄鱼王因愚蠢而付出代价。故事情节起伏跌宕，给小读者带来智慧与愉悦、紧张与轻松相交织的情感体验。

第十二期 《丹尼尔找到一首诗》新年特别活动

活动时间：2019 年 12 月 21 日（周六）上午 9：30—10：30
报名时间：12 月 25 日开始报名，额满为止
活动地点：图书馆四楼少儿阅览活动区
活动对象：6~10 岁少年儿童 50 人
报名方式：电话××××-×××××××

新年特辑：

"童心入画"绘本课堂是图书馆少儿活动的品牌项目，自 2019 年 7 月 1 日开课以来，已经开展 10 余场，深受小读者和家长的好评。为进一步发挥活动的阅读推广作用，举办绘本课堂新年特别活动，聘请国家级非物质文化遗产项目岫岩东北大鼓传承人刘兰芳弟子唐鑫与我馆马媛老师一同授课。通过绘本故事《丹尼尔找到一首诗》与岫岩大鼓的完美结合，展现阅读与非物质文化遗产的魅力。

内容简介：

诗是什么？

是脆脆的落叶嘎吱响？——松鼠是这么想的。

是晒得暖暖的沙滩？——乌龟是这么说的。

也许是一汪清凉的池塘、露珠闪闪的蜘蛛网，或是草地上的月光？

也许诗是所有这些东西，因为诗是对每个人都很特别的某种东西——你只需花一点时间仔细去看，用心去听。神奇的是，诗就在每个人的心中，而丹尼尔在与动物朋友们交谈后，也开始发现属于他自己的诗……

作者介绍：

米莎·阿彻在马萨诸塞大学阿默斯特分校获得教育学士学位后，当了15 年的幼儿园教师。她擅长把艺术融入课堂，经常给儿童和成年人开办课程，并与其他艺术家一起举办研讨会。米莎·阿彻长期为企鹅兰登书屋、学乐出版社及一些教育类出版社绘制插画。

《丹尼尔找到一首诗》是米莎·阿彻自写自画的第一本图画书。她擅长拼贴和油画，使用的色彩和图案深受她曾居住或到访过的那些国家的民间艺术、工艺品和建筑的影响。

本期绘本课堂特邀唐鑫老师与鞍山市图书馆"童心入画"绘本课堂马媛老师合作，给小朋友带来不一样的绘本体验。唐鑫老师为发展东北大鼓，将大鼓带进校园，纳入到课程当中，共公益服务授课了十多所中小学校，不辞辛苦只为传承，默默奉献自己的力量。

（讲师简介：唐鑫，女，1985年3月出生，满族，中共党员，大专学历，辽宁岫岩满族自治县人，中国著名评书表演艺术家刘兰芳先生的弟子，岫岩满族自治县政协委员，东北大鼓非遗传承人，全国"呼吸联盟"协会志愿者。）

活动总结：

12月21日上午9时30分，鞍山市图书馆"童心入画"绘本课堂新年特别活动火热开启，40名小读者参加了活动。本期特别邀请国家级非物质文化遗产项目岫岩东北大鼓传承人刘兰芳弟子唐鑫与我馆马媛老师一同授课。

此次活动通过绘本故事《丹尼尔找到一首诗》与东北大鼓的完美结合，让小读者在感受艺术魅力的同时品读经典文学，为小读者提供不一样的阅读体验。在2020年，"童心入画"绘本课堂活动还会精益求精，用更好的绘本故事及更多的活动形式与大家分享，让更多的家长和孩子受益。

"童心入画"绘本课堂活动总结

　　"童心入画"绘本课堂活动是鞍山市图书馆围绕"绘本"这一主题,精心打造的绘本系列活动。通过老师引领小读者听绘本故事、讲绘本故事、读绘本故事以及画绘本故事,加深对绘本的理解,感受绘本的魅力。"童"是目标人群;"童心"既是目标人群特征,又是绘本的基础方法;"入画"则体现绘本特色,同时又是绘本课堂的终极目的——让孩子们的生活也能入画,活动故取"童心入画"绘本课堂为名。

　　2019年绘本课堂活动自7月1日开课至2019年年底,共开展12场,分别为:第1期7月1日绘本课堂开课《图书馆狮子》、第2期7月27日《七彩星空》、第3期8月10日《图书馆狮子》、第4期8月24日《仙鹤国王》、第5期9月14日《小黑鱼》、第6期9月28日《点》、第7期10月12日《不是第一名也没关系》、第8期10月26日《胡桃夹子》、第9期11月9日《一万只鳄鱼》、第10期11月23日《彼得·潘》、第11期12月3日《红绿灯眨眼睛》、第12期12月25日《丹尼尔找到一首诗》。全年共480人次参与活动。

　　少儿阅览部一定会把此活动越做越好,使活动在寓教于乐中发挥全民阅读推广作用,成为深受家长和小朋友喜欢的品牌活动。

案例 3 "春暖钢都 书悦童年"春节系列活动

活动概述

2017 年，鞍山市少年儿童图书馆继续持之以恒落实"五大发展理念"和"四个着力"，树立"创新、协调、绿色、开放、共享"发展理念，抓牢发展第一要务，注重提高发展质量，全馆上下把落实好鞍山市第十二次党代会精神作为当前和今后一个时期的重要任务抓实抓好，适应新常态、贯彻新理念，强化定力、深处着力、精准发力，创新发展方式，实现创新发展。紧紧围绕"4321"的总体目标，打造鞍山市民的"大书房"，着力提升人民的幸福感。为迎接春节，弘扬传统文化、营造欢乐祥和的节日氛围，以及更好地为少年儿童提供公益、均等、优质的阅读服务，践行倡导全民阅读，打造书香鞍山，我馆为广大读者精心准备了丰富多彩的文化盛宴。

为积极培育和践行社会主义核心价值观，弘扬鞍钢英模文化，充分展现鞍钢——"共和国钢铁工业长子"昂扬向上的精神风貌，我馆从 1 月 20 日（小年）至 26 日举办"钢花炉火映童年"鞍钢风貌图文展之英模篇。本次展览通过展示孟泰、雷锋、王崇伦、郭明义等英模的先进事迹，大力弘扬英模事迹和崇高精神，凝聚攻坚克难的强大正能量，使鞍钢的优秀文化代代传承，旨在引导我市少年儿童继承和发扬老一辈鞍钢人艰苦奋斗、忠诚担当、开拓创新、勇于奉献的光荣传统，学习前人的刚毅品格，继往开来、奋发进取，从小凝聚爱党之心，树立报国之志，为全面振兴钢都、建设家乡而努力奋斗。

为加强爱国主义教育，弘扬民族的艺术、振奋民族的精神，更清晰地了解自己的祖国，继承和发扬爱国主义的光荣传统，1 月 21 日上午 9 时，我馆开展"妙剪生花扮钢城"民间剪纸体验活动，近 100 名小朋友及家长参与了活动。在我市非物质文化遗产剪纸艺术传承人杨慧春老师的指导下，小朋友们挥舞着手中的剪刀，或剪或裁，或贴或折，一张张红纸在他们的手中变成了一个个"春"字、窗花，为寒冷的冬日带来了浓浓的暖意。此次活动不仅加强了亲子之间的沟通和交流，还让孩子们领略到了民间剪纸艺术的魅力，唤起了居民对民间剪纸艺术的热爱，丰富了社区居民的文化生活。

为引导读者充分利用图书馆多读书、好读书、读好书，倡导全民阅读的重要性，发挥图书馆在倡导阅读、指导阅读、推动全民参与阅读方面的重要作用，1 月 21 日上午 10 时，40 余名小读者和家长欢聚一堂，开展了形式多样、内容丰富的读者恳谈会暨"阅读明星嘉年华"活动。活动包括"阅读明星"颁奖典礼，共选出 10 名"阅读小明星"，表彰过去一年中热爱阅读、表现优秀的小读者及家庭，并为他们颁发了证书和奖品。接下来是读者恳谈会，小读者们踊跃发言，畅谈、抒发自己对读书的感受，分享自己的阅读心得，家长们也纷纷就图书馆建设方面提出了自己的意见和建议。最后一个环节，小读者们进行才艺展示，精彩的表演赢得了阵阵掌声，现场气氛十分活跃。

在喜迎新春的日子，为了让更多的小读者了解中华文化精粹的魅力，品味传统文化风俗，1 月 22 日上午 9 时 30 分，30 名小文化志愿者应邀来到我馆，为到馆读者写春联、送"福"字。一幅幅散发着清新墨香的喜庆大红春联展现在大家眼前，为到馆借阅的小读者和家长送上鸡年新春的第一份祝福。读者们排着队等着拿到大红的春联和"福"字，感受到过年浓浓的喜庆气氛，体验到中华传统文化的独特魅力。

为了鼓励孩子们的诵读热情，感知祖国优秀的传统文化，让他们产生阅读兴趣，培养良好的阅读习惯，1月22日上午10时，童声学堂之"古韵新声和春来"读者展演专场在鞍山市少年儿童图书馆举行，30余名小读者参与了活动，通过诵读国学经典、古乐演奏感悟中华文化的力量。孩子们用他们稚嫩的声音，抑扬顿挫、声情并茂的语言，为现场每一位听众吟诗诵唱诗词，伴着悠扬的古琴乐，诵经典、调素琴、会知音、赏雅乐，于书香中聆听太古之音、天地之声，如伯牙遇子期，共赏高山流水音，在悠悠古韵中循着古人留下的一星灯火，回望千年，共迎新春佳节，让人不禁沉浸其中，难以忘怀，现场的家长和馆员也深受感动。活动结束后，我馆为参与活动的小读者赠送小礼品，以此作为留念。

为弘扬中华文化，让传统文化得到欣赏和传承，1月27日开始，我馆精心推出"年画的记忆"赏年画品民俗图片展。此次图片展展出近百幅艺术风格各异的传统年画代表作品，有民风民俗的传统年画，有生机盎然的新中国年画，满载着人们对风调雨顺的追求和对国泰民安的祈福，带领小读者们走进画中，在了解传统节日的同时，学习中国传统文化，丰富春节文化生活，感受"百姓过年那些事儿"。

春节期间，我馆还配合国家"数字图书馆推广工程"的部署，充分利用数字图书馆海量资源的优势，推出"同筑中国梦 共度书香年"新春"楹联拜年"活动，该活动已于1月20日启动，1月27日正式面向读者展出。以"楹联拜年"活动为主体的业界联动贺新年活动"春联来了"——书春日活动内容新颖独特。"数图有礼·资源贺岁"线下主题展览，是"推广工程"在春节期间联合全国各级图书馆举办的线下主题展览，旨在让更多的读者了解并学会使用推广工程资源，致力于为全国人民、海外华人奉上文化盛宴，共庆新春。

此外，我馆还将在 2 月 1 日（正月初五）至 5 日（正月初九）为小读者们带来"金鸡闹春　阅读闯关"书影共读活动，除了影视展播、民风民俗、饮食文化图书推荐，还准备了"欢欢喜喜话新春"有奖知识问答，内容有春节风俗、小百科、文学知识、地理、历史、日常生活等知识问答题，题目由简到繁、由地方知识到国家知识。通过寓教于乐的方式，激发小读者的求知欲，使他们认识到阅读的重要性。

在 2 月 3 日（正月初七）至 11 日（正月十五）这段时间，我馆将开展"千朵莲花迎瑞雪　金鸡鸣福庆丰年"猜灯谜活动。我们将为小读者们精心挑选内容丰富、难度各异的灯谜，集知识性、趣味性、娱乐性于一体，有字谜、成语谜、动物谜和植物谜等。为了调动小读者们猜谜的积极性，准备了精美的小礼物作为奖励。

2017 年，鞍山市少年儿童图书馆将站在再创辉煌的新起点，围绕市党代会提出的总体要求和重点任务，找准贯彻落实的切入点和着力点，将学习贯彻鞍山市党代会精神与"两学一做"结合起来，与做好当前工作、谋划发展等结合起来，主动思考、主动研究、主动破解，在具体工作中抓创新、抓落实，全面推进我馆"十三五"期间确立的各项重点工作，促进全馆各项工作全面顺利开展，为完成市十二次党代会提出的目标任务做出新的贡献。

活动安排表

序号	活动名称	活动时间	活动地点	活动内容	负责部门及责任人
1	"钢花炉火映童年"钢城风貌图文展	1月20日—2月11日	少儿馆大厅	为全面学习和贯彻鞍山市第十二次党代会精神，强化"'钢都'文化元素"，为全面振兴钢都做贡献，我馆通过图文展览的形式诠释钢城风貌，展现产业工人的风采，重温峥嵘岁月，激发前进动力，引导少年儿童继承和发扬老一辈鞍钢人艰苦奋斗、忠诚担当、开拓创新、勇于奉献的光荣传统，为建设"幸福鞍山"努力奋斗	综合业务部 翟艳会 马　琳
2	"年画的记忆"——赏年画品民俗图片展			我馆从腊月二十三小年开始，展出近百幅艺术风格各异的传统年画代表作品，带领读者走进画中，感受"百姓过年那些事儿"	综合业务部 翟艳会 马　琳
3	"妙剪生花扮钢城"民间剪纸体验活动	1月21日	少儿馆大厅	1.由我市非物质文化遗产剪纸艺术传承人讲解民间剪纸文化 2.剪纸老师与小读者互动，体验剪纸快乐 3.推荐剪纸技艺方面的书籍，把阅读与剪纸艺术形式结合起来，提升孩子的阅读兴趣 4.剪纸作品展	综合业务部 王洪新 曲江宁 李　娜
4	阅读明星嘉年华		影视厅	1.读者恳谈会 2.阅读明星颁奖典礼 3.优秀读者才艺展演（书法、剪纸、舞蹈、吟唱、口才） 4.馆员和读者联谊活动	借阅部 马　媛 柳　丹
5	"迎新春 纳百福"——小文化志愿者写春联送"福"字活动	1月22日	少儿馆大厅	组织热爱书法的小文化志愿者现场给读者写"春联"，展示中华民族书法的艺术魅力，给大家送上最诚挚的新春祝福	综合业务部 王洪新 马　琳
6	童声学堂"古韵新声和春来"读者展演专场		影视厅	1.吟诗诵唱（《元日》《除夜》《咏梅》《咏雪》等诗词） 2.古琴、民乐（《步步高》《百鸟朝凤》《高山流水》）	借阅部 邢　飞 崔　岩

| 7 | 书影共读"金鸡闹春阅读闯关"读者大联欢 | 2月1日—8日 | 借阅部 | 1.影视展播(动画片《年的由来》《十二生肖》《雪孩子》,纪录片《纪录鞍山》,故事片《功夫熊猫》《喜羊羊与灰太狼之猴年花果山》,纪录片《中国年夜饭》)
2.民风、民俗、饮食文化图书推荐
3."欢欢喜喜话新春"有奖知识问答 | 借阅部 仲立宏 李芳千 李 琳 谢 芳 |
| 8 | "千朵莲花迎瑞雪,金鸡鸣福庆丰年"猜灯谜活动 | 1月24日—2月11日 | 少儿馆大厅 | 1.1月24日在少儿馆大厅悬挂灯谜,营造过年气氛
2.2月11日为兑奖日,猜对者可获得精美礼品一份 | 综合业务部 曲江宁 赵 薇 |

内容列举

一、"千朵莲花迎瑞雪　金鸡鸣福庆丰年"有奖猜灯谜

(一)活动须知

1. 本次活动共准备140条谜语,140份奖品。读者如猜出答案,请将该条谜语的编号记录下来,兑奖时间内在兑奖处递交编号及答案给工作人员进行申领。猜中有奖,每个读者每次限猜一条灯谜。

2. 兑奖地点:鞍山市少年儿童图书馆六楼公共大厅。

3. 兑奖时间:2月11日(农历正月十五)9:00起。

4. 已猜中的谜语条,将不再参与竞猜,工作人员将及时在活动展板上做出答案标记。

5. 每个谜面设一个奖品,猜到谜语后,请及时到兑奖处兑奖,奖品先

兑先得，兑完为止。

6. 友情提醒：申领奖品时，请不要大声喧哗，保持安静。请遵守公共秩序，按要求排队。

（二）活动总结

为全面振兴钢都，大力弘扬传统文化，建设素质鞍山，正月十五元宵佳节之际，鞍山市少年儿童图书馆"千朵莲花迎瑞雪　金鸡鸣福庆丰年"猜灯谜活动如期与读者见面，吸引了小读者和家长200余人共同参与。

此次活动在我馆工作人员的精心策划下，共制作灯谜140余条，红红火火的灯笼更营造出浓郁的元宵节氛围。灯谜形式多样、内容丰富、构思巧妙，内容涉及日常生活的方方面面，集知识性、趣味性、娱乐性于一体，既有一定的难度，又能保证小读者们在积极开动脑筋的情况下能够有所收获。活动现场气氛热烈，小读者们有的凝神沉思，有的热烈讨论，猜中的神采飞扬。大家纷纷开动脑筋，挖掘谜面背后的秘密，一个简单的词语蕴含着一个深奥的典故，一个字的背后积淀着中国传统文化的精华。同时，我馆还准备了精美的礼品，赠送给现场猜对灯谜的小读者们。

传统节日是中国文化的重要载体，此次活动以元宵佳节为契机，以阅读为桥梁，以体验为主要形式，让孩子们在竞猜中启迪智慧，提高分析能力、观察能力和逻辑思维能力，了解丰富的中国传统文化，参与节日活动，感受节日氛围，使我国优秀传统文化得到传承和发展。

（三）活动现场照片

二、"妙剪生花扮钢城"民间剪纸体验活动

（一）活动须知

1. 活动时间：2017 年 1 月 21 日上午 10 时。

2. 活动地点：鞍山市少年儿童图书馆阅览大厅。

3. 主题："妙剪生花扮钢城"剪纸迎春活动。

4. 主持人：马琳。

5. 邀请嘉宾：鞍山市非物质文化遗产剪纸艺术传承人杨慧春老师；鞍山文化遗产剪纸基地新陶小学剪纸老师沈娜、刘友梅；鞍山市少年儿童图书馆领导张东、卞树棠。

6. 内容：聘请鞍山市非物质文化遗产剪纸艺术传承人现场教孩子们传统剪纸的技法，通过学习让孩子们剪出一幅老师教的指定作品和自由创作作品，并把作品贴在展示板上。

7. 流程

（1）主持人开场白，宣布"妙剪生花扮钢城"剪纸迎春活动开始；

（2）主持人介绍活动流程及注意事项；

（3）介绍到场嘉宾；

（4）少儿图书馆副馆长卞树棠讲话；

（5）把主持现场交给杨慧春老师，现场教孩子们传统剪纸技法；

（6）孩子们进行剪纸创作；

（7）在工作人员的指导下把创作好的作品粘贴在创作板上；

（8）参加活动的孩子领取奖品；

（9）结束。

（二）活动总结

1月21日上午，鞍山市少年儿童图书馆开展"妙剪生花扮钢城"民间剪纸体验活动，近100名小朋友及家长参与了活动。我市非物质文化遗产剪纸艺术传承人杨慧春老师来到活动现场，为小朋友们悉心讲解民间剪纸文化，让大家了解到剪纸在中国文化中有着吉祥的寓意，是刚健、明亮、热烈、高昂、升腾、饱满、昌盛、发达的代名词，它象征着中华民族奋斗不止、自强不息、不畏艰险、乐观向上的民族精神。一张纸、一把剪刀，就可以表达生活中的喜怒哀乐，将百态人生还原为最本真的状态，这就是剪纸艺术的魅力。通过老师的指导，小朋友们挥舞着手中的剪刀，或剪或裁，或贴或折，大家手脑并用，尽情发挥着自己的想象力，构思出一幅幅生动的剪纸作品。经过精心剪裁，当一片片方形的纸在手中变成了美丽的窗花时，孩子们的脸上洋溢起开心、自信的微笑，为寒冷的冬日带来了浓浓的暖意，现场充满着和谐、喜庆的节日气氛。活动结束后，小朋友们把自己的作品贴在展示板上进行展览。

鞍山市少年儿童图书馆通过优良、多样、丰富化的剪纸活动，推荐剪纸技艺方面的书籍，把阅读与剪纸艺术形式结合起来，提升孩子的阅读兴趣，通过剪纸这一中华民族历史悠久的艺术教育，加强爱国主义教育，弘扬民族艺术，振奋民族精神，使孩子更清晰地了解自己的祖国，继承和发扬爱国主义的光荣传统。

（三）活动现场照片

三、"迎新春 纳百福"——小文化志愿者写春联送"福"字活动方案

（一）活动须知

春节到，家家户户贴春联是过春节的传统风俗，家门口贴上春联的时候，意味着春节正式拉开序幕。1月22日上午9—11时，少儿图书馆将开展小文化志愿者写春联送"福"字活动。

1. 活动目的

（1）展示中华民族书法的艺术魅力，宣传中国传统文化。

（2）推动文化志愿服务活动。

（3）给读者送上最诚挚的新春祝福，带来一份新春的喜悦。

2. 活动流程

（1）活动报名阶段（1月9日起开始报名，额满为止）

参加对象：热爱书法、愿意担任少儿图书馆文化志愿者、现场给大家书写春联的少年儿童书法爱好者。

报名电话：×××××××、×××××××××××

报名地点：少儿图书馆综合业务部

（2）现场写春联送"福"字活动（1月25日上午9—11时）

报名的小文化志愿者现场给读者写春联和"福"字。春联内容不限，每个志愿者可以写一条或多条自己熟悉的春联。

3. 活动准备

书写的春联纸由少儿图书馆提供，其他书法用的墨、笔、砚等工具自备。

4. 活动地点

鞍山市少儿图书馆公共大厅。

（二）活动总结

贴春联、贴"福"字是我们喜迎春节的传统风俗。1月22日，鞍山市少年儿童图书馆开门迎春送福，邀请热爱书法的小文化志愿者30名为到馆读者写春联送"福"字。

上午9时30分，小文化志愿者应邀来到我馆。他们饱含创作热情，凝神聚气，笔走龙蛇，泼墨挥毫，行、隶、草等多种书体各显神韵。不一会儿，一幅幅散发着清新墨香的喜庆大红春联就展现在大家眼前，为到馆借阅的小读者和家长送上鸡年新春的第一份祝福。一行行俊逸的书法，一句句真诚的祝福，红火的对联寄托了辞旧迎新、接福纳祥的美好愿望。读者们一边赞赏着小书法家的技艺，一边排着队等着拿到大红的春联和"福"字，在感受过年喜庆气氛的同时，体验传统文化的魅力。

本次"迎新春 纳百福"送春联活动让更多的读者了解了中华文化精粹的魅力，在品味传统文化风俗的同时，增进了我馆与读者们的情谊。鞍山市少年儿童图书馆借此活动，在喜迎新春的日子，弘扬中华文化，让传统文化得到欣赏和传承的同时，引导未成年人树立和坚持正确的历史观、民族观、国家观、文化观，激发民族自豪感和自信心，坚定振兴中华的信心和决心。

（三）活动现场照片

第四章

优质童书推荐

第一节　获奖童书集锦

近几年，童书出版逐渐成为出版界的主要力量，占据较大的市场份额，一批新生的作家已经崛起，优质的原创绘本不断涌现，传统文化逐步成为原创的重要挖掘点。在此基础上，笔者对部分童书排行榜单进行了梳理，以供图书馆、书店以及注重亲子阅读的父母借鉴。

一、陈伯吹国际儿童文学奖

陈伯吹国际儿童文学奖以"东方安徒生"陈伯吹的名字命名，前身是设立于 1981 年的"陈伯吹儿童文学奖"，是中国连续运作时间最长、获奖作家最多的文学奖项之一。2014 年，"陈伯吹儿童文学奖"正式更名为"陈伯吹国际儿童文学奖"。

2017—2020 年陈伯吹国际儿童文学奖获奖名单

年度	奖项	作品	作者	出版社
2017	图书文学奖	《梦想是生命里的光》	舒辉波	少年儿童出版社
		《童眸》	黄蓓佳	江苏凤凰少年儿童出版社
		《沐阳上学记：男生女生那些事儿》	萧 萍	浙江文艺出版社
		《布罗镇的邮递员》	郭姜燕	少年儿童出版社
	图书绘本奖	《吉祥时光》	张之路	作家出版社
		《缎带》	[法]阿德里安·帕朗热	阿尔班·米歇尔少儿出版社
		《这是什么？》	[美]卡森·埃利斯	烛芯出版社
		《和风一起散步》	熊 亮	天津人民出版社
		《懒懒地躺下，望着天空》	[波兰]乌苏拉·帕鲁森斯卡	姐妹出版社
		《屋檐下的腊八粥》	郑春华/著；朱成梁/绘	少年儿童出版社
2018	图书文学奖	《驯鹿六季》	格日勒其木格·黑鹤	明天出版社
		《阿莲》	汤素兰	湖南少年儿童出版社
		《独龙花开——我们的民族小学》	吴 然	晨光出版社
		《海龟老师1：校园里的海滩》	程 玮	浙江少年儿童出版社
		《风雪那年》	刘 虎	少年儿童出版社
	图书绘本奖	《狼、鸭子和老鼠》	[美]麦克·巴尼特/著；乔恩·克拉森/绘	烛芯出版社
		《车票去哪里了？》	刘旭恭	远见天下文化出版股份有限公司
		《姥姥的布头儿魔法》	翱 子	二十一世纪出版社
		《战争爆发的那一天》	[英]妮克拉·戴维斯/著；丽贝卡·科布/绘	沃克出版公司
		《动物字母表》	[英]茱莉娅·唐纳森/著；莎伦·金-蔡/绘	麦克米伦童书出版集团双鸣公司

2019	图书文学奖	《耗子大爷起晚了》	叶广芩	北京少年儿童出版社
		《有鸽子的夏天》	刘海栖	山东教育出版社
		《焰火》	李东华	长江文艺出版社
		《追寻》	徐鲁	长江少年儿童出版社
		《野蜂飞舞》	黄蓓佳	江苏凤凰少年儿童出版社
	图书绘本奖	《一颗子弹的飞行》	白冰/著；刘振君/绘	中国少年儿童新闻出版总社
		《别让太阳掉下来》	郭振媛/著；朱成梁/绘	中国和平出版社
		《伟大的战役》	[意大利]安德烈·安蒂诺里	柯瑞尼出版社
		《头部与尾部：昆虫》	[澳大利亚]约翰·坎蒂	澳大利亚伯贝出版社私人有限公司
		《安海度亚娜》	[巴西]罗杰·米罗/著；玛利亚娜·马萨拉尼/绘	巴西字母公司出版社
2020	图书文学奖	《不存在的小镇》	黄颖曌	中国少年儿童出版社
		《建座瓷窑送给你》	彭学军	二十一世纪出版社
		《我和小素》	黄春华	安徽少年儿童出版社
		《奔跑的岱二牛》	黄蓓佳	江苏凤凰少年儿童出版社
		《荆棘丛中的微笑：小丛》	杨筱艳	二十一世纪出版社
	图书绘本奖	《一楼右侧》	[葡萄牙]理查多·恩里克斯/著；尼古劳斯·费尔南德斯/绘	葡萄牙逻辑鸭出版社
		《布莱克先生和他的狗》	九儿	贵州人民出版社
		《天上掉下一头鲸》	西雨客	天天出版社
		《下雪天的声音》	梅子涵/著；[俄]伊戈尔·奥列伊尼科夫/绘	贵州人民出版社
		《老者的真相》	[英]埃莉娜·埃利斯	英国双鸣出版社

二、全国优秀儿童文学奖

全国优秀儿童文学奖是中国为鼓励优秀儿童文学创作而设立的奖项，是中国具有最高荣誉的文学大奖之一。该奖项由中国作家协会主办，每三年评选一次，分小说、幼儿文学、诗歌、散文、纪实文学五类，从1980年开始了第一届的评选活动。

2017年、2021年全国优秀儿童文学奖获奖名单

年度	奖项	作　品	作　者	出版社
2017	小说	《一百个孩子的中国梦》（全2册）	董宏猷	二十一世纪出版社
		《大熊的女儿》	麦　子	大连出版社
		《寻找鱼王》	张　炜	明天出版社
		《沐阳上学记·我就是喜欢唱反调》	萧　萍	浙江文艺出版社
		《吉祥时光》	张之路	作家出版社
		《浮桥边的汤木》	彭学军	二十一世纪出版社
		《将军胡同》	史　雷	天天出版社
	诗歌	《梦的门》	王立春	江苏凤凰少年儿童出版社
	童话	《布罗镇的邮递员》	郭姜燕	少年儿童出版社
		《小女孩的名字》	吕丽娜/著 香蕉旅人/绘	接力出版社
		《水妖喀喀莎》	汤　汤	浙江少年儿童出版社
		《一千朵跳跃的花蕾》	周　静	湖南少年儿童出版社
	散文	《爱——外婆和我》	殷健灵	新蕾出版社
	报告文学	《梦想是生命里的光》	舒辉波	少年儿童出版社
	科幻文学	《拯救天才》	王林柏	大连出版社
		《大漠寻星人》	赵　华	阳光出版社
	幼儿文学	《其实我是一条鱼》	孙玉虎	中国大地出版社
		《蒲公英嫁女儿》	李少白	湖南少年儿童出版社

2021	小说	《驯鹿六季》	格日勒其木格·黑鹤	明天出版社
		《上学谣》	胡永红	浙江少年儿童出版社
		《有鸽子的夏天》	刘海栖	山东教育出版社
		《逐光的孩子》	舒辉波	二十一世纪出版社
		《陈土豆的红灯笼》	谢华良	吉林出版集团股份有限公司
		《巴颜喀拉山的孩子》	杨志军	二十一世纪出版社
		《耗子大爷起晚了》	叶广芩	北京少年儿童出版社
	诗歌	《我和毛毛》	蓝 蓝	浙江少年儿童出版社
	童话	《慢小孩》	迟 慧	人民文学出版社
		《永远玩具店》	葛 竞	新蕾出版社
		《南村传奇》	汤素兰	湖南少年儿童出版社
		《小翅膀》	周晓枫	作家出版社
	散文	《好想长成一棵树》	湘 女	晨光出版社
	科幻文学	《奇迹之夏》	马传思	大连出版社
		《中国轨道号》	吴 岩	安徽少年儿童出版社
	幼儿文学	《小小小世界》	黄 宇	中国和平出版社
		《小巴掌童话诗·恐龙妈妈孵蛋》	张秋生	中国少年儿童出版社
	青年作者短篇佳作奖	《坐在石阶上叹气的怪小孩》	徐 瑾	《十月·少年文学》

三、全国少儿阅读峰会"十佳绘本"奖

全国少儿阅读峰会由中国图书馆学会阅读推广委员会、中国出版协会少儿读物工作委员会、《图书馆报》主办。"十佳绘本"评选经专家组和评审委员会评审，综合网络投票情况，最终评选出十佳原创和引进绘本各10种。

2017 年、2018 年全国少儿阅读峰会"十佳绘本"奖获奖名单

年度	奖项	作品	作者	出版社
2017	十佳原创绘本	《"故事中国"图画书》系列（全套四册）	李　健	新疆青少年出版社
		《阿诗有块大花布》	符文征	浙江少年儿童出版社
		《封神传》	赵成伟/绘 缪　惟、唐　黛/编著	中国少年儿童新闻出版总社
		《金波的花环诗》系列（全套三册）	金　波	明天出版社
		《巨人与春天》	郝广才/著 王家珠/绘	海燕出版社
		《老人湖》	保冬妮/著 于洪燕/绘	人民教育出版社
		《奇妙的书》	杨思帆/著绘	广西师范大学出版社
		《身体的秘密》系列（全套七册）	盛诗澜/著 叶露盈、林琳、常紫箫/绘	浙江人民美术出版社
		《小太阳》	星　瞳/著 卢一峰/绘	解放军出版社
		《中国娃娃快乐幼儿园水墨绘本》	保冬妮/著	知识出版社
	十佳引进绘本	《999 个梦想和 1 个发明》	[西班牙]奥尔加·德·迪奥斯/著绘	电子工业出版社
		《儿童教养》（全套四册）	[日]峯村良子/著	中信出版社
		《好玩的爸爸》系列（全套三册）	[日]佐藤和贵子/著 彭　懿/译	乐乐趣童书
		《苹果树上的死神》	[瑞士]卡尔廷·舍雷尔/著绘 陈　俊/译	心喜阅童书
		《好爸爸绘本》系列（全套八册）	[法]阿兰·塞尔/著 布鲁诺·海茨/绘	童趣出版社
		《青蛙的好天气》	[日]高畠那生/著绘 晓　晗/译	蒲蒲兰绘本馆
		《树洞外面的食蚁兽》	[美]迈克尔·霍尔/著 王　林/译	接力出版社
		《无字书》	[法]让-玛丽·赫比亚/著 [法]德邦/绘 余　轶/译	文化发展出版社
		《一次荣耀的飞行》	[美]爱丽丝·普罗文森 马丁·普罗文森/著 岳　坤/译	耕林童书馆
		《一个部落的孩子》	[美]莱恩·史密斯/著 大　麦/译	二十一世纪出版社
2018	十佳原创绘本	《爸爸太忙了》	老渔	北京理工大学出版社
		《我妈妈真厉害》	沙　沙/著 姚　佳/绘	北京少年儿童出版社
		《穿花衣》	樊青芳、李　静	朝华出版社
		《九百九十九只小鸡挤呀挤》	陈梦敏/著 抹布大王/绘	大连出版社
		《动物和我》	林　良	福建少年儿童出版社

2018	十佳原创绘本	《一只特立独行的猪》	王小波/著　张宁/改编、绘	接力出版社
		《爷爷的宝贝》	高洪波	解放军文艺出版社
		《聪明豆绘本·华文原创系列：杯杯英雄》	蔡兆伦	外语教学与研究出版社
		《我依然爱你》	橙子/著　钟彧/绘	连环画出版社
		《绣花儿》	保冬妮/著　东波/绘	天天出版社
		《中国国家博物馆儿童历史百科绘本》	中国国家博物馆/著	人民邮电出版社
		《"故事中国"图画书》系列（包括《蔡伦造纸》《敦煌莫高窟》《青铜狗》）	李健	新疆青少年出版社
		《新年》	孙亚敏	浙江人民美术出版社
		《柠檬蝶》	曹文轩/著　[巴西]罗杰·米罗/绘	中国少年儿童新闻出版总社
		《我走前面》	纳迪娜·布兰·科姆	上海文化出版社
		《飞翔吧，贝蒂！》	[美]莱斯利·戈林	北京少年儿童出版社
		《一半与另一半》	皮特·霍拉塞克/著　李佩吉/译	电子工业出版社
		《不要打开这本书》	[澳]安迪·李/文　[澳]希思·麦肯齐/绘	江苏凤凰美术出版社
		《摩尔小姐：儿童图书馆的推动者》	[美]简·宾波洛夫/著　[美]黛比·阿特韦尔/绘　王志庚/译	广西师范大学出版社
	十佳引进绘本	《红墙外面有什么》	[英]布里塔·特肯卓普/著绘	化学工业出版社
		《三只小刺猬闯祸了》	[西]哈维尔·扎伊尔兹·卡斯坦	江苏凤凰美术出版社
		《沙粒》	[比]西比尔·德拉克洛瓦/著绘　刘夏/译	浙江少年儿童出版社
		《找到你，真好！》	[比]G.V.西纳顿/著绘	天津人民美术出版社
		《无所事事的好棒的一天》	[意]贝娅特丽丝·阿勒玛尼娅/著　高菲/译	陕西人民教育出版社

2018	十佳引进绘本	《美丽小世界》	[美]蒂根·怀特/著绘 巩小图/译	黑龙江美术出版社
		《五味太郎四季绘本》	[日]五味太郎/著绘	上海文化出版社
		《哆悉哒?》	[美]卡森·埃利斯	新星出版社
		《午夜园丁》	[美]特里·范、埃里克·范/著绘 杨玲玲、彭　懿/译	晨光出版社
		《我的超级老爸》	[乌克兰]斯尼贾娜·苏施/绘著 王馨悦、王志庚/译	长江少年儿童出版社

四、丰子恺儿童图画书奖

丰子恺儿童图画书奖，两年评选一次，旨在推广优秀的华文原创儿童图画书，以及表扬为儿童图画书做出贡献的作者、插画家和出版商，是第一个国际级的华文儿童图画书奖。

2017 年、2019 年丰子恺儿童图画书奖获奖名单

年度	奖项	作品	作者	出版社
2017	首奖	《盘中餐》	于虹呈	中国少年儿童出版社
	佳作	《杯杯英雄》	蔡兆伦	道声出版社
		《等待》	高佩聪	香港绘本文化
		《林桃奶奶的桃子树》	汤姆牛	小天下
		《乌龟一家去看海》	张　宁	接力出版社
2019	首奖	《外婆家的马》	谢　华/著　黄　丽/绘	海燕出版社
	佳作	《同一个月亮》	几　米	大块文化
		《一只特立独行的猪》	王小波/著　张　宁/改编、绘	接力出版社
		《车票去哪里了?》	刘旭恭	小天下
		《一起去动物园》	林柏廷	现代出版社

五、美国"凯迪克大奖"

凯迪克大奖是美国最具权威的绘本奖，其评选标准着重作品的艺术价值、特殊创意，尤其每一本得奖作品都必须有"寓教于乐"的功能，让孩子在阅读的过程中，开发另一个思考空间。

2017—2020 年美国"凯迪克大奖"获奖名单

年度	奖项	作品	作者	适合年龄
2017	金奖	《发光的孩子：青年艺术家让•米切尔•巴斯奎特的故事》	[美]杰瓦卡•斯特普托	6～9 岁
	银奖	《他们都看见了一只猫》	[美]布兰登•文策尔	3～6 岁
		《别打扰我！》	[俄]维拉•波斯格尔	4～7 岁
		《刚果广场的自由盛会》	[美]卡罗尔•波士顿•韦瑟福德/绘 [美]R.格雷戈里•克里斯蒂	4～8 岁
		《这是什么？》	[美]卡森•埃利斯	4～8 岁
2018	金奖	《雪地里的狼》	[美]马修•科德尔	6 岁以上
	银奖	《大猫，小猫》	[美]艾莱沙•库珀	4～8 岁
		《和爸爸去钓鱼》	[美]丕宝/著　[美]裴施/绘	6 岁以上
		《大峡谷》	[美]詹森•琴	6 岁以上
		《我也有皇冠》	[美]德里克•巴恩斯/著 乔治•詹姆斯/绘	8 岁以上
2019	金奖	《你好灯塔》	[澳]苏菲•布莱科尔	9～16 岁
	银奖	《给小星星的大月饼》	[美]格蕾丝•林	6～9 岁
		《阿尔玛和她名字的故事》	[秘鲁]胡安娜•马丁内斯•尼尔	6 岁以上
		《谢谢您，阿嬷！》	[美]欧吉•莫拉	9～14 岁
		《粗糙的补丁》	[美]布莱恩•赖斯	3～8 岁
2020	金奖	《永不妥协》	[美]夸迈/著　马其顿/绘	10～15 岁
	银奖	《跟着爸爸回老家》	[美]凯利•莱恩斯 /著 丹尼尔•敏特/绘	9～14 岁
		《飘扬的低音提琴声》	[美]安德烈•J.洛尼/著 露比•古铁雷斯/绘	9～16 岁
		《小熊来了》	[美]雷纳尔多•维迪提/著 黎渊•范/绘	6～9 岁

六、英国"凯特·格林威奖"

凯特·格林威奖（The CILIP Kate Greenaway Medal）于 1955 年由英国图书馆协会（The Library Association）创设，得奖者除了可以得到奖牌，还有资格为图书馆挑选总价 500 英镑的图画书。凯特·格林威奖有其历史性的权威，同时格局开阔，深具国际性，虽是英国儿童绘本的最高荣誉，但其鼓励绘本创作的精神，使全世界杰出的创作者都可以成为得奖者，影响力遍布全球。

2017—2020 年英国"凯特·格林威奖"获奖名单

年度	作品	作者	适合年龄
2017	《一个部落的孩子》	[美]莱恩·史密斯	3～6 岁
	《一个大大的拥抱》	[英]迈克尔·罗森	3 岁以上
	《整洁》	[英]艾米莉·格雷维特	3 岁以上
	《北半球野生动物》	[德]迪特·博朗	5 岁以上
	《旅途》	[意]弗兰切斯卡·桑纳	6～10 岁
	《哈利·波特和魔法石》	[英]J.K.罗琳/著 吉姆·凯/绘	7 岁以上
	《克朗普狼》	[加拿大]欧尼斯特·汤普森·西顿/著 [英]威廉·格利尔/绘	7～14 岁
	《马弗尔家族》	[美]布莱恩·塞兹尼克	10～14 岁
2018	《海边小镇》	[加拿大]乔安妮·施瓦茨/著 悉尼·史密斯/绘	5～8 岁
	《一个部落的孩子》	[美]莱恩·史密斯	3～6 岁
	《杰克船长与海盗》	[英]彼得·本特利/著 海伦·奥克森伯里/绘	3～6 岁
	《同片天空下》	[德]布丽塔·泰肯特鲁普	3～6 岁

2018	《动物的第一本书》	[英]尼古拉·戴维斯/著 [捷克]彼得·赫拉莱克/绘	5～8岁
	《天空之王》	[英]尼古拉·戴维斯/著 劳拉·卡琳/绘	6～9岁
	《来自别处的歌》	[英]A.F.哈罗德/著 李维·宾弗德/绘	9～12岁
	《荆棘山》	[英]潘·斯麦	10～15岁
	《夜班》	[英]戴比·格里欧瑞	10～15岁
2019	《消失的词汇》	[英]罗伯特·麦克法伦/著 杰基·莫里斯/绘	9～16岁
	《海洋与天空相遇》	[美]特里·范,埃里克·范	6～15岁
	《战争来临的那天》	[英]尼古拉·戴维斯/著 丽贝卡·科布/绘	9～16岁
	《篱笆之外》	[保]玛利亚·古列梅托娃	5～8岁
	《狼、鸭子和老鼠》	[美]麦克·巴尼特/著 [加拿大]乔恩·克拉森/绘	5～8岁
	《朱利安美人鱼》	[美]杰西卡·达夫	9～15岁
	《你和我在一起很安全》	[英]齐特拉·桑达/著 普纳姆·米斯特里/绘	6岁以上
	《妇女参政论：平等之战》	[英]大卫·罗伯茨	9～16岁
2020	《大城小传》	陈志勇	8～15岁
	《玛丽·雪莱》	[加拿大]琳达·贝利/著 [西]茱莉亚·萨达/绘	8～15岁
	《现在嘘，你跟紧我》	[英]齐特拉·桑达/著 普纳姆·米斯特里/绘	8～15岁
	《手提箱》	[英]克里斯·内勒·巴勒斯特罗	6岁以上
	《水坝》	[英]大卫·阿尔蒙德/著 李维·宾福德/绘	8—15岁
	《铁巨人》	[英]特德·休斯/著 安德鲁·戴维森/绘	9—16岁
	《圣基尔达的孩子》	[英]贝思·沃特斯	8—15岁

第二节　精选绘本推荐

一、《你好灯塔》

[澳]苏菲·布莱科尔/著绘，范晓星/译

2019 年绘本界的"奥斯卡"——凯迪克大奖金奖绘本。在世界尽头的一个小岛上，最高处矗立着一座灯塔。从黄昏到黎明，灯塔发出光亮，眼看着日复一日，四季过去，风吹过，雾卷进来，冰山漂过。灯塔外面，是无际的大海；灯塔里面，一位守塔人的生活画卷在我们面前徐徐展开，他在日志中写下每一个细节，直到有一天，他的生活发生了改变……

二、《亲爱的树》

［西］卡梅·兰妮丝凯茨/著绘，余治莹/译

树冬天睡觉，春天醒来；树夏天结果，秋天落叶。树头在天上，脚在地上。透过树根沟通，互相帮助，树无法逃离不好的地方，它耐心地在原地成长。树木清洁了我们需要的空气以及水果与种子，它是小动物的家，也提供阴影供大家乘凉。你有注意到树木是如何生活的吗？在每个季节与气候下会做什么呢？简洁的文字与轻快鲜明的配色，展现树的宁静优美，也点出树在我们生活中扮演多么重要的角色。

三、《会飞的帽子》

［德］罗特劳特·苏珊娜·贝尔纳/著，浪花朵朵童书/编译

《会飞的帽子》是国际安徒生插画大奖得主、德国国宝级插画家苏珊娜·贝尔纳的作品，是一本温暖、宁静、美好的无字绘本。一阵风吹来，将帽子从男孩头顶吹跑。男孩踏上了寻找帽子的旅途。他不知道，他的帽子已经飞过飘着雪的小河，飞过动物园，飞上了电车……在这一天里，帽子给很多人和动物提供了温暖。天色渐暗，男孩可以找回他的帽子吗？

四、《小毛驴变勇敢了》

葛翠琳/著，张蔚昕/绘

《小毛驴变勇敢了》是知名作家葛翠琳经典作品，畅销十余年，广受读者们的一致好评。小毛驴总是受欺负，江边的鳄鱼、树林里的狐狸，都十分蛮横不讲理，小毛驴处处受挫，非常沮丧，这时候他遇见了一群小蚂蚁，小蚂蚁们告诉了小毛驴一个秘密……小毛驴靠着这个小秘密变得强大了。活灵活现的动物形象、浓墨重彩的描绘、一幅幅精美的插图，塑造了一个美丽奇幻的动物王国。

五、《会飞的小伞》

徐鲁/著，[日]宫原宜子/绘

小青虫、小蚂蚁、小蜘蛛和蒲公英看见会飞的蝴蝶、蜜蜂和瓢虫很羡慕，也想飞起来。风爷爷告诉蒲公英，等他长大以后，他就能飞起来了。于是，蒲公英便一心盼着自己赶紧长大。终于，长大后的蒲公英带着小青虫、小蚂蚁和小蜘蛛一起飞上了天空……故事通过认知蒲公英的生长过程和可爱的小动物们，让孩子感受浓浓的友情。

六、《玛德琳和小捣蛋》

[美]路德维格·贝梅尔曼斯/著绘，任溶溶/译

"玛德琳系列"绘本是著名插画家路德维格·贝梅尔曼斯的代表作，该系列图书曾两度获得绘本界的"奥斯卡"——凯迪克大奖青睐。本书是"玛德琳系列"绘本中的一本，通过几十幅精彩的图画配上相应的文字，讲述了玛德琳的朋友巴皮托搬到了伦敦，因思念朋友茶饭不思，他爸爸只好请玛德琳她们来伦敦陪陪他。玛德琳和巴皮托有一次本想试骑一匹马，结果被马带到了大街上，在伦敦展开了一场有趣的马上之旅。

七、《快乐狮子和兔子》

[美]路易丝·法蒂奥/著， [美]罗杰·迪瓦森/绘

该书是由凯迪克大奖金奖、银奖得主罗杰·迪瓦森及其妻子路易丝·法蒂奥共同创作的著名的"快乐狮子经典绘本系列"，首次出版于1961年，风靡全球60余年。天气晴朗，快乐狮子和弗朗索瓦去郊外散步，意外地救下了被猎人追赶的兔子乔。乔请求快乐狮子也能保护它的家人，于是，成千上万的兔子慕名来请求帮助，狮园住不下了。快乐狮子

请游客们领养这些兔子。最后，他只留下了乔和它的妻子在身边，把门牌改成了"快乐狮子和兔子之家"。善意的帮助，让狮子也拥有了更多！

八、《晚安，月亮》

[奥]苏珊娜·莉娅/著，王萍、万迎朗/译

月亮是大自然中必不可少的一部分，对于月亮，孩子们总是有无尽的好奇与想象。新月、上弦月、满月，以及下弦月等月相各是什么样子？又是如何形成的？它们对潮涨潮落有什么影响？书中不仅按照月相周期详细地为孩子解答有关月亮的疑惑，同时准备了4首充满童趣、朗朗上口的小诗。在不同月相里还发生了不少生动有趣的童话故事，用诗意与温情带孩子们踏上神奇的月亮揭秘之旅。

九、《不睡觉世界冠军》

[英]西恩·泰勒/著，几米/绘，柯倩华/译

《不睡觉世界冠军》是一本生动有趣、意境优美的晚安书。现实的场景和幻想的画面交替穿插，时而活泼、童心童趣，时而抒情、悠扬隽永。屋外是深邃的夜幕，屋内是一片暖光烘托出的温馨惬意的睡前时光。伴

着那些美妙动人的童谣，听故事的孩子们一定会慢慢进入温柔而甜蜜的梦乡。乘着枕头船越过大海浪，搭午夜火车奔驰在山谷间，坐着热气球飘得越来越高……这些奇妙的想象是不是也会走进孩子们的梦中呢？

十、《开火车》

[日]竹村宣治/著，[日]大友康夫/绘，肖潇/译

火车对于孩子来说有着特别的吸引力。从书名可以看出来，这本书按照时间顺序详细介绍了火车司机从起床到火车开到终点的过程。通篇读下来，信息量并不少，包括司机需要随身携带的物品，驾驶室内的设备，发车前司机的准备工作、开车途中的注意事项等，每一项作者都耐心讲述，专有名词也单独做了解释。读完这本书，小朋友会有一种自己开火车的感觉。本书作者曾经是这条线路的司机，因此对司机前方视野和火车沿途景色描绘得非常准确，小朋友可以享受读图的乐趣。

十一、《阿拉丁》

[意]塞维里诺·巴拉尔蒂/绘，荣信文化/编译

孩子们都曾梦想可以身临其境地去经历那一个个自己无比喜爱的梦幻童话，那些美妙又不可思议的故事将会带领他们踏入那个华丽奇异的童话

王国。以往只能通过电视屏幕观看的立体视觉效果现在将由这套 3D 场景的立体童话剧场书来突破。孩子在阅读故事时也能像观看戏剧一样，身临其境地感受经典童话故事。这本书讲述了一个叫阿拉丁的少年偶然从巫师手中得到了一盏神灯和一枚神奇戒指后的一系列奇遇。

十二、《小海蒂》

[瑞士]斯比丽/著，梁亦之/译

《小海蒂》以风景如画的阿尔卑斯山为背景，描写了小海蒂的成长历程。5 岁时，她被送到山上的爷爷家，她用爱心帮助饱经沧桑、性格孤僻的爷爷变得开朗起来，还教会了牧羊人彼得识字。也正是在她的帮助下，不能走路的女孩克拉拉又重新拥有了生活的勇气，奇迹般地摆脱了轮椅，恢复了行走的能力。

十三、《皇帝、新娘与龙袍（英文版）》

[特立尼达和多巴哥]桑丽莎、朱伟/著

《皇帝、新娘与龙袍（英文版）》讲述了一个中国古代年轻皇帝选后的传奇故事。从两位性格截然不同的少女身上，读者体会到真诚、正直、善良的美丽与可贵，而谎言、自私与邪恶最终必将失败。

十四、《小不点帕古》

[日]金泽麻由子/著，江洁/译

黑色哈巴狗普旺被法国一个农庄主带到庄园，打算驯养做牧羊犬。农庄里已经有一只全身白色，只有耳朵和面孔黑色的牧羊犬前辈冯恩，而羊群里有一只母羊自愿做了普旺的妈妈。因为被白色的绵羊们嘲笑毛色，内向的普旺渐渐不说话，到后来干脆发不出声音来了。一次次牧羊中，看到前辈牧羊犬冯恩的出色表现，普旺愈来愈自卑。为了鼓励失去自信的普旺，羊妈妈送给普旺一支歌。有一次庄园羊舍起火，受了惊的羊群拼命朝悬崖方向逃命。普旺看见羊妈妈也要落下悬崖，突然间发出从未有过的声音向羊群示警。很多羊止步了，普旺和羊妈妈掉下悬崖。不少绵羊因为普旺的警告声获救，羊妈妈却在这次事故中与普旺永别了。普旺失去妈妈，很快成长，成为一只坚强的牧羊犬。它还会唱着羊妈妈留下的歌，思念妈妈……

十五、《开学第一天》

［日］楠茂宣/著，［日］田中六大/绘，袁秀敏/译

终于上小学啦！成为一名了不起的一年级小学生真棒！开学第一天，你有什么愿望？童野龙同学有一个宏伟的愿望：交到 100 个朋友！他想通过哪些方法实现自己的愿望呢？他的愿望实现了吗？你又会通过哪些方法实现自己的愿望呢？

十六、《学校开放日的惊喜》

［日］楠茂宣/著，　［日］津金爱子/绘，袁秀敏/译

今天是一次学校开放日。上课前，大家都既好奇又紧张，不停地往教室后面看。小香同学非常不安，因为爸爸一直没有来……学校开放日，你的表现如何？这对你和家人来说，都是一段非常美好的经历哟！

十七、《我爱幼儿园》

[法]塞尔日·布洛克/著，张艳/译

如果只是简单地对孩子说"幼儿园就像家一样，阿姨就像妈妈一样"只会适得其反。我们需要做的并不是阻挡孩子的眼泪，而是陪伴孩子用坚定的脚步走向他人生的新阶段。也许孩子读过这本书之后，在入园的那一天仍然会因为恐惧而哭泣。我们该如何鼓励和帮助孩子摆脱分离的焦虑，适应全新的环境？正如小莱昂所说："在幼儿园里，我有许多朋友。有时我会哭，有时我会笑。在幼儿园里，我长大了！"

十八、《你很小，却很出色！》

[德]乌里·盖斯勒/著 [德]衮特·亚考布斯/绘，赵铮/译

《你很小，却很出色！》是一本专为儿童精心编绘的情感读本。在亲子共读和情感互动中，乌里·盖斯勒用生动的语言和唯美的图画让父母与孩子在爱的基础上搭建沟通的桥梁，帮助学龄前儿童发现自己、了解自己，并且可以作为辅助读本帮助孩子建立自信。在阅读中，孩子们会渐渐明白：每个人都是最棒的。只要发挥所长，每个人都可以成为自己的英雄。

十九、《我家添了小宝宝》

[美]伊丽莎白·鲁斯/著，　[加拿大]冷沁/绘，范晓星/译

本书通过寓教于乐的叙述和轻松活泼的插图，真实地描绘了一对小姐弟在期待以及迎接刚出生的小妹妹时的种种场景，为有同样情况的爸爸妈妈提供了很好的参考。作者以孩子天真可爱的口吻，让孕育二胎的父母可以跟大孩子一起，在享受快乐的亲子阅读时光的同时，也能陪伴他们一起度过这一成长过程中非常重要的时期。

二十、《云端旅行》

[美]马修·奥尔尚/著，　[美]苏菲·布莱科尔/绘，佟画/译

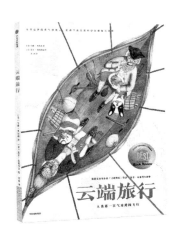

本书是根据发生在 1785 年的真实故事改编，讲述了人类气球飞行史上首次跨国探险的经历。1783 年，载人气球第一次成功飞上云端。在接下来的一年半时间里，似乎每个人都尝试过搭乘气球飞上天，但是还从来没有人从一个国家飞到另一个国家。英国人约翰·杰弗里斯医生和法国气球旅行家让·皮埃尔·布兰查德想第一个完成挑战，但是他们看对方都不顺眼。作为冤家，他们却要在灾难从天而降时齐心协力保住性命。他们能顺利完成这次载入史册的伟大飞行吗？

二十一、《最美的礼物》

郝广才/著，［意］玛琳娜/绘

永恒的明星奥黛丽·赫本为她的孩子朗诵自己喜爱的文字，祝福他们以"保持纯真"和"行善"来丰盈生命。她告诉我们"心灵美丽"的秘密不在于服饰、珠宝或是发型，而在于我们能否关怀别人、用热情拥抱生命，以及用自信面对世界，而这些就是她送给孩子的人生礼物。奥黛丽·赫本身体力行，让我们明白唯有发自内心的纯真和慈善才能不断使心灵成长受惠。当生活充满"真"和"善"的时候，"美"也就洋溢在我们的心中。

二十二、《雨变成一首诗了》

方素珍/著，郝洛玟/绘

教室外面刮风又下雨，怪兽老师趁机带学生培养观察力，他们用眼睛、耳朵、鼻子、嘴巴细心地去感受风和雨的样子，为什么最后"雨"会变成一首诗呢？

这本《雨变成一首诗了》的主角是怪兽学生，一群爬上爬下的小老鼠是配角。说说看，这些配角在课堂上做什么呢？

二十三、《最后一片叶子》

[美]欧·亨利/著， [意]玛丽娜·马尔科林/绘，林良/编译

"五……四……"树叶抵挡不过风雨，"三……二……"一片一片飘落。画家乔乔生了病，失去求生意志。她看着窗外的叶子，倒数自己的生命。窗外的奇迹，却扭转了乔乔的病情……美国短篇小说之父欧·亨利，擅长捕捉不同的人生样貌，刻画各种人性光辉。他的代表作《最后一片叶子》，透彻写出小人物蕴含的仁慈慷慨，深层的温暖与哀伤，交织出"欧·亨利式"的惊奇结局。《最美的礼物》的绘者玛丽娜，用温柔画风细腻揣摩友情中的真挚关怀，带我们看见那束奇迹的火苗，燃烧自己，照亮他人，让风雨安宁，让生命找到新的动力。

二十四、《重生吧，垃圾！》

[意]安娜丽萨·法拉利/著

[意]麦克·马瑟里/绘，李金韬、文铮/译

《重生吧，垃圾！》是一本介绍垃圾处理方式和理念的环保科普书。当垃圾离开你的家，它们将经历哪些神奇的变化？垃圾被扔掉之后会去哪里？不同垃圾分别有哪些再利用价值？垃圾处理厂都是怎样运作的？……跟随废弃物处理专家，学习垃圾再利用中的物理、化学、生物等学科知识，来亲手赋予垃圾第二次生命吧！

二十五、《城市里的野生动物》

[德]伊尔卡·索科洛夫斯基/著

[德]亚娜·斯泰曼/绘，王萍、万迎朗/译

是什么在草丛中沙沙作响？是谁藏在垃圾桶的后面？哪种蚊子喜欢叮人？为什么不能给天鹅喂面包？哪些动物能预告天气？仔细观察，你就能发现动物邻居们无处不在。了解他们，就更加了解我们所居住的城市。

《城市里的野生动物》是一本绘画精美的绘本。插画师把这些野生动物画得栩栩如生，城市里的场景、物品也画得真实细腻。在给孩子们科普知识的同时，也让孩子们领略了艺术的美好。

二十六、《园丁鸟的秘密》

[日]铃木守/著，肖潇/译

你听说过园丁鸟吗？知道它们会搭建的形态各异的"凉亭"吗？告诉你，这本书描绘的正是园丁鸟和它们的"凉亭"。三种不同风格的凉亭结构，17种鸟类中杰出的建筑师，究竟是什么驱使它们搭建出一个又一个特别的"凉亭"？究竟"凉亭"是不是它们的巢？一个又一个的疑问，等着铃木守先

生的《园丁鸟的秘密》来给你解开吧。本书是日本著名绘本作家铃木守又一力作，揭开园丁鸟的奇妙建筑之谜，探究园丁鸟的择偶和繁衍。该书为第62届日本产经儿童出版文化奖获奖作品。

二十七、《生生不息　草原与荒漠》

匈牙利图艺公司/编绘，王梦彤、曾岩/译

从炽热的赤道到寒冷的极地；从白雪皑皑的高山到黑暗幽闭的海沟；从郁郁葱葱的雨林到浩荡无垠的沙漠……每一个角落都有其独特的生物群落，多姿多彩，生生不息。这就是我们赖以生存的蓝色星球。《生生不息　草原与荒漠》聚焦于地球上的草原与荒漠，以典型生态环境为线索，解开动植物的生命密码，让孩子在探索草原、荒漠的生态奥秘的同时，领略草原的空旷和荒漠的浩瀚之美。

二十八、《穿越侏罗纪原始森林》

[美]陈振盼/著绘

李振基/译

2018年凯迪克大奖得主陈振盼，用充满想象力的图画带您探究：恐龙时代就存在的树木，现在还能看到吗？罗马帝国时期就已经发芽的红杉，现在还活着吗？在那些超过 2000 岁的树木组成的原始森林中穿梭，会遇见哪些神奇的生物呢？你会见识到不怕火烧，还会自动降雨的巨树，还有一生都在树梢上，永远也看不到地面的棕树鼠……

二十九、《画说苹果》

[日]小池洋男/编著

[日]川上和生/绘

很久以前，人们就认识苹果了。你听说过哪些关于苹果的故事呢？你知道吗？在以前，apple 是水果的意思。苹果的故乡在高加索山脉一带，早在公元前，人们就发现了这种水果。大家都爱吃苹果，但大家知道苹果是如何从遥远的欧洲传到美国，再由美国漂流到亚洲的吗？这本书就给大家讲述了苹果的故事。

三十、《蚂蚁洞里的旅行》

[日]秋山亚由子/著，张彤/译

很久以前，有一位非常喜欢虫子的小公主。有一天，她和伙伴们正在观察蚂蚁，突然遇到了一位居住在蚂蚁洞里的仙人。仙人回答了孩子们一个又一个关于蚂蚁的问题。这回孩子们又要到蚂蚁洞里去看看。仙人能带他们满足愿望吗？那蚂蚁洞里又有些什么秘密呢？让这本有趣的绘本带领大家进入那个神秘莫测的蚂蚁王国吧。

三十一、《大熊猫为什么长了黑眼圈》

[美]史蒂夫·詹金斯、罗宾·佩奇/著，邓豆豆/译

亲爱的貘，你的鼻子为什么是歪的？长颈鹿的舌头为什么是紫的？角蛙的嘴怎么那么大？刺蜥为什么全身长满刺？仓鼠的脸蛋怎么肥嘟嘟的？动物们脸上这些奇特的特征自然有它们存在的道理，但是我们说了可不算数。让我们来采访这群不寻常的动物，弄清楚是谁给大熊猫画了一对黑眼圈？在本书中，25 种动物告诉你它们为什么长这样。詹金斯撕纸拼贴创意和有趣幽默的文字配合得天衣无缝。每翻开一页都有一张动物的脸正对着读者，就由它们自己来告诉你是什么让它们看起来这么特别吧。

三十二、《你笑起来可爱极了》

[爱尔兰]山姆·麦克布雷尼/著

[英]查尔斯夫格/绘，郭晓晓/译

小袋鼠一早醒来就不开心。妈妈想尽办法让他感觉好一些，但是，没有什么能改变他的心情。小袋鼠甚至都懒得咧嘴笑一下！那么，来一个高高的跳跃，直冲入泥潭里去，会怎么样呢？本书是《猜猜我有多爱你》的作者带给我们的又一个令人愉快的故事。

三十三、《小心兔子来捣乱！》

[法]玛丽·尼米埃/著

[法]贝阿特丽丝·罗德里格兹/绘，袁筱一/译

一本书里，两个故事！正着读，是小画家的故事：他在花园里遇见了一只可恶的兔子，于是想尽办法把这只来捣乱的兔子赶走。倒着读，是小兔子的故事：它想和小画家成为朋友，所以不断地向小画家示好，想尽办法报答他的"友善"。可最后，他们发现彼此之间有着天大的误解……

三十四、《我和我家附近的流浪狗》

赖马/著绘

看到流浪狗时，孩子可能会说："听说它们会咬人，好可怕噢！""为什么会有流浪狗？被捕犬队抓走的狗会怎么样呢？""小狗好可爱，我可以带回家养吗？""怕狗"是赖马创作这本书的灵感来源，小时候被狗咬过的他，把怕狗的心情画进了《我和我家附近的流浪狗》。书中的小男孩因为太怕狗，只好"装作一棵树以免被狗咬"，还画了张地图要找"一条没有狗的路"。不过，看到捕犬队抓走流浪狗，男孩也忍不住同情起它们……你家也有怕狗或想养狗的孩子吗？一起读这本书，思考流浪动物的问题……

三十五、《小雪豹》

万科公益基金会/著绘

卓玛帮助小雪豹寻找回家路，路上的经历在他们的共同努力下都成为成长的礼物。故事中融入了自然风光和科普知识，特别是对雪豹生存环境的关注。气候变化导致雪豹等野生动物的栖息地缩减以及数量减少，呼吁更多的人关注雪豹等野生动物的生存状况。

三十六、《你冬眠吗》

韩国大麦出版社/著，［韩］文炳头/绘，赵岩/译

《你冬眠吗》是一本描述动物和植物过冬的图画书。展开拉页可以一眼看到动植物的冬天。一到寒冷的冬天，小草和树木都枯死了，虫儿们也不见了，动物和鱼儿也藏起来了。两只小老鼠幸运地找到了自动落地的南瓜，它们边吃南瓜边探着脑袋问："大家都去哪里了呢？"让我们跟着小老鼠们，一起去看看大家都是怎么过冬的吧！

三十七、《美好的清晨》

[美]金·克罗克特·科森/著

[克罗地亚]耶莱娜·布耶维克/绘

　　美美地睡一觉，早早地醒过来。轻手轻脚，爸爸妈妈什么也没听到。又是新的一天，我已经做好准备啦！可是，爸爸妈妈好慢呀！我毫不费力地洗了手。刷牙也是小菜一碟！该上厕所啦，这个我也会！请让我自己系鞋带，我也肯定能自己扣好扣子。我能独立完成所有的事情，还是会留下一大堆的麻烦？本故事语言简单，朗朗上口。中英双语的特点能够让孩子从认知开始就认识掌握简单的英语词汇，同时附有双语音频，非常适合那些正在经历疯狂早晨的父母和准备上学并且变得越来越独立的孩子亲子共读。

三十八、《好饿好饿的靴子猫》

[法]埃米尔·布拉沃/著，浪花朵朵/编译

　　你们一定听说过白雪公主与七个小矮人的故事吧！在这里呀，七只小矮熊成为我们的主角。没错，不是小矮人，是小矮熊。它们住在森林的深处，住在一栋饱经风霜的茅草屋里。七只小矮熊每天都去盐矿场辛勤工作，它们的口号是："啦啦啦，

吃！啦啦啦，睡！"可是这次，它们要面对的是一只别有用心的穿靴子的猫。这只好饿好饿的靴子猫的到来引出了一段深入森林的疯狂大冒险！好奇的小朋友们，请翻开这本书，一起看看发生了什么吧！

三十九、《流浪的纸衣人》

[法]罗克珊·玛丽·加里耶/著，赵然/译

每天早晨，一个小男孩都会看到一个无家可归的男人栖身在他家旁边的马路上。起初，男孩很害怕，但是后来，他开始觉得抱歉，他想找到某种方法帮助那个人。在之后的接触中，小男孩真正长大了。即使是一个普普通通的小男孩，有诚挚的同情心也无异于化作主宰世界的国王，能使得客观世界和自己都变得成熟、高大。

四十、《小黑鱼》

[美]李欧·李奥尼/著，彭懿/译

在大海的一个角落里住着一群小鱼，大家都是红色的，只有一条是黑色的。有一天，一只凶猛的金枪鱼吃掉了所有的小红鱼，只有小黑鱼逃走了。他孤身一人在海里游荡，遇到了很多稀奇古怪的生命，

又高兴起来。小黑鱼又遇到了一群躲在礁石后面的小红鱼，为了生存，不再躲避，他想了个好办法，教他们游成大鱼的样子，而自己来当眼睛！就这样，他们在清凉的早晨游，在明媚的中午游，把大鱼都吓跑啦！这是一本教孩子学会勇敢、独立面对困难的绘本，获美国凯迪克大奖、《纽约时报》年度最佳绘本。

四十一、《小怪物的大梦想》

[冰]赫夫纳·布拉加多蒂/著，谢沐/译

小怪物很喜欢读书！他喜欢关于可怕的狼、温柔的熊和可爱的兔子的书。小怪物也想当图画书中的主角，可当小怪物试镜的时候，评委们掐断了他的主角梦。评委们纷纷大喊着，好奇怪的生物啊！他知道，他不可能像可怕的狼、温柔的熊和可爱的兔子那样，所以他不想再当主角了。可是，书架上那本书是什么书？那不就是小怪物的书吗？让我们跟随小怪物去追寻梦想吧！让我们走进小怪物的内心，看他从羡慕别人到忠于自己的过程！

四十二、《勇敢的泪珠儿》

[希]阿西娜·布尼/著，苏梅/译

《勇敢的泪珠儿》是一本希腊民间童话传说。美丽善良的女孩阿加莎被海盗王掳走，她的两个哥哥为了救她踏入黑魔法深林，从此一去不返。黑日子，黑眼泪……失去三个孩子的母亲终日以泪洗面。还有谁能为她找回幸福的眼泪？诗一样的语言，梦一样的画面，既带给读者愉悦的美感，又充满童趣和哲思。

四十三、《自私的鳄鱼》

[英]福斯坦·查尔斯/著，易会、刘冠翔/译

丛林里住着一只体形巨大又精力充沛的鳄鱼，她每天都会朝其他动物吼叫："离我的河远一点！如果你们靠近我的河，我就把你们吃掉！"其他动物只好远离河流，直到有一天……阅读这个故事，让我们一起看看小动物们是用什么方法解决远离河流这个棘手问题的。

四十四、《原来妈妈也有起床气》

[法]西尔维·德玛丘斯/著，梅静/译

不管多忙多累，每天早晨，妈妈总是第一个起床，她温柔地叫醒七个孩子，给他们洗漱穿衣，准备早餐。可是孩子们还是很淘气，不是做鬼脸，就是打得不可开交。如果有一天妈妈醒来时心情不好，这一天会变成什么样子呢？

四十五、《路边花》

[加拿大]乔纳诺·罗森/著

[加拿大]西德尼·史密斯/绘

《路边花》是一本关于发现美、分享美的无字书。书里的小女孩珍妮跟随爸爸穿过大街小巷走在回家的路上。途中，珍妮把一路收集的各种颜色的花朵送给路上遇到的小猫、小狗、流浪汉和她的亲人们。她用这些花向每一个她爱的人表达了爱和关怀。

四十六、《会长高的房子》

[英]吉安娜·马里诺/著绘，孙慧阳/译

猫头鹰和兔子是好朋友、好邻居，他们幸福地住在山顶的两座小房子里。因为兔子的菜园长得高了点，挡住了猫头鹰的视线，猫头鹰不高兴。他想，也许把自己的房子加高就可以解决这个问题，于是，没过多久，就有了两座世界上最高的房子和一对不开心的邻居。最终，是什么事情让他们回归友谊呢？这个故事告诉我们：友谊就是这样，有高潮，有低谷，起起伏伏，但它不会变，它就在那里。

四十七、《孤独的长颈鹿》

[英]彼得·布莱特/著，易会、刘冠翔/译

丛林里生活着一群友善的小动物，他们其乐融融，每天都会相互问候，一起玩耍。他们当中的长颈鹿随着年纪的增长越来越高，大家逐渐疏远了他。他的脖子太长了，没有动物能耐心等他低下头来和他聊天。当他吃树叶的时候，又会惊扰到树上的小动物，而地面上的小动物也害怕被他踩到，离他远远的。长颈鹿感到非常孤独，最后大家会重新接纳他，和他成为好朋友吗？

四十八、《跟着蓝色小卡车》

[美]爱丽丝·谢特尔/著

[美]吉尔·麦克尔默里/绘，李昕/译

嘀嘀嘀——开进城市的蓝色小卡车遇上了大堵车：出租车、警车、清洁车、双层巴士、市长专车，都觉得自己的事重要，都想抢在别人的前头走，结果道路挤得乱糟糟，哪辆车也动不了。怎么办？蓝色小卡车想到了好办法！